Agent et conseil éditorial : Isabelle Martin-Bouisset
www.imb-conseil.fr

Suivi éditorial : Judith Vernant
Relecture-correction : Rémy Coton-Pélagie et Marjolaine Revel
Maquette : Sébastienne Ocampo

29, boulevard Raspail
75007 Paris – France
ISBN : 979-10-285-1244-6

Clémentine LEGO

Préface de **Frédéric Lenoir**

Ces liens qui nous révèlent

LEDUC.S
EDITIONS

Sommaire

Biographie

Inlassablement en recherche de nouveaux horizons et personnalité engagée, Clémentine Lego s'implique avec authenticité et créativité dans un rôle d'accompagnement en tant que coach et médiatrice CNV. Le lien, la relation, l'écoute, les émotions, les besoins de ceux qu'elle rencontre donnent le rythme et composent des mélodies dont elle se nourrit chaque jour.

Aventurière, et persévérante, elle bâtit et met en place. Il y a dix-huit ans, elle a donc commencé sa carrière en créant le service RH de la centrale nationale de Système U. La liberté et l'imagination deviennent à cette occasion ses véritables alliées pour entreprendre.

Après un passage à la Fnac dans une fonction régionale où elle se confronte à une expérience complexe et formatrice, son envie de découverte la pousse à l'indépendance et à l'autonomie. Elle franchit le pas en se mettant à son compte en 2010, comme conseil RH et management. C'est aussi l'année de naissance de son fils.

En 2011, c'est au sein de l'école International Mozaik qu'elle choisit de se former au coaching professionnel en franchissant une nouvelle étape vers l'approfondissement d'un coaching individuel. Clémentine Lego Conseil – Atelier du devenir – est créé en 2013. En 2015, enfin, une formation à la médiation CNV (communication non violente) complète ses champs de compétence, notamment le terrain de la médiation familiale auquel elle aspirait.

À côté de ces deux activités de coach et de médiatrice qu'elle exerce avec enthousiasme, conviction et détermination, elle s'aventure sur le terrain de l'écriture. Son parcours et ses approches intuitives l'ont conduite à l'écriture en privilégiant le « sur-mesure ». Et c'est comme artisan de la relation qu'elle conçoit son travail d'auteur, en tirant le fil des émotions des acteurs qu'elle met en scène dans son ouvrage, ou sur son blog[1]. Sa quête innée pour identifier la nature des liens qui tissent une relation nourrie d'un élan vers l'autre, fait d'empathie, dessine une pensée singulière que chacun des billets postés sur son blog illustre, comme un kaléidoscope d'éclairages multiples sur ce que circonstances, lieux et temporalités de la vie révèlent de nos liens profonds, intimes, essentiels, fondateurs.

Aujourd'hui, Clémentine Lego va plus loin et concrétise un de ses rêves avec ce premier ouvrage, né de son expérience, de ses convictions et de ses rencontres étonnantes et inspirantes.

1. www.clementinelegoconseil.com

Jacintha, 5 ans. Australie.
Photographie prise par Gilles Porte en 2009,
pour la série « Portraits/Autoportraits »
gillesporte.fr

Gilles Porte est artiste, photographe et cinéaste. Vous pouvez lire son témoignage p. 49.

La photographie reproduite ici fait partie de la série « Portraits/Autoportraits », dans laquelle il a photographié des enfants du monde entier en train de se dessiner librement.

Jacintha, qui a aujourd'hui 14 ans, est une enfant aborigène de Sydney. La photographie a été prise en 2009, année du 20e anniversaire de la Convention des Droits de l'Enfant.

Gilles Porte nous explique : « Et pour l'anecdote, sachez que Jacintha n'avait jamais entendu parler du peintre Miró, en revanche Miró a passé pas mal de temps en Australie auprès des aborigènes qui utilisent une technique très particulière quand ils dessinent… ».

Ce dessin est l'emblème, selon moi, du lien inné que l'on a en soi dès les premiers pas dans la vie.

CLÉMENTINE LEGO

Je dédie ce livre à Alban.

Le lien le plus authentique que l'on crée naturellement avec ceux que l'on aime n'est-il pas celui de la transmission ?

Le geste de transmettre[2] n'est-il pas
ce lien intime et collectif,
cette énergie, cet acte qui nous ouvre
à la révélation de soi et des autres,
à la créativité et l'inspiration,
à l'émergence indispensable de chemins de liberté
pour découvrir et donner le meilleur de soi ?
Ce geste de transmettre n'est-il pas la promesse
qui donne du sens à notre existence ?

---

2. Nathalie Sarthou-Lajus, *Le geste de transmettre*, Éd. Bayard.

Préface

de Frédéric Lenoir

L'ambition de chacun n'est-il pas d'avoir un impact réel sur la vie? La sienne, celle des autres, et, aujourd'hui, d'inverser l'impact délétère qu'il a sur la planète. Cela se fait en conscience, dans une vie qui a du sens, à laquelle le lien donne son sens.

Et c'est en vivant ce chemin vers l'autre que le lien nous conduit à nous-mêmes. Parcourir ce chemin vers l'autre avec le cœur ouvert et l'esprit vigilant engage un travail sur soi. Derrière nos actions, et celles si inspirantes dont chacun des quinze témoins fait état dans ce bel ouvrage, c'est de la nature profonde de nos présences au monde et aux autres dont il est question.

En invitant tant de vécus poignants et inspirés, Clémentine Lego nous conduit, par le foisonnement de ces chemins, à la beauté de la vie spirituelle, intime, qui permet à chacun de se réinventer, de se libérer, de se révéler, en vérité, loin des illusions d'un monde racoleur.

Ces liens qui nous révèlent joue sur plusieurs notes, et c'est heureux : celle de la « "foi en soi", au sens de *religare*, se "relier" à soi-même, une *reliance* humaniste, hors du religieux », de Wadih; celle du « temple de paix » d'Antoine, chef cuisinier au long cours; celle des sages antiques qui prennent le monde et la vie tels qu'ils sont; celle qui dit d' « écouter le conflit, d'apprendre à le déplier, à l'accueillir pleinement, à entendre ce qu'il dit de la relation », selon les mots de Nathalie en écho à cet héritage philosophique. Et les notes, tellement inattendues, que j'ai découvertes de ces « flibustiers » – au sens premier de « libres butineurs » – des liens secrets, cachés, révélés qu'ils nous confient sur le ton de la conversation amicale.

Ces hommes et ces femmes, entrepreneurs, danseuse, architecte, musicien, producteur de films, grand chef… ont su hiérarchiser leurs priorités pour s'engager. Leurs entreprises, qui sont toutes de mini-révolutions dans leur domaine, montrent en quoi seul le lien conduit à la liberté d'être soi. À l'origine d'initiatives innovantes, ils partagent leurs réflexions, leurs convictions, leurs outils, leurs expériences sous le regard bienveillant de l'auteure, qui incite chacun à mettre en lumière la notion de lien au cœur de chaque approche. Car derrière ces aventures, entreprises avec cœur, se cachent aussi les histoires de liens de chacun, les rencontres, les intelligences, les âmes, les énergies… qui lient les êtres vivants, les humains entre eux, les hommes à la Nature et aux animaux, à la planète. Un camaïeu de liens dont on comprend, au fil des pages, la nature profonde. C'est par la voix de l'auteure qu'est dessinée cette toile de fond tendue d'un lien à l'autre. Retrouvés ou à retrouver, interdépendants, tous liés et reliés, ces liens réveillent en nous la conscience d'une unicité profonde et multiple.

« *Bien sûr, tous les liens ne sont pas de la même veine, il en existe de nombreux : amicaux, amoureux, familiaux, professionnels, relationnels... et certains affectifs* ». La lecture de ce livre subtil et original jongle sur tous ces registres. Y compris sur celui des blessures. Chacun peut se retrouver dans ces témoignages d'expériences de vie. À les lire, j'ai ressenti comme un apaisement.

Avant-propos

de René-David Hadjadj

Une Clémentine bleue

On a rarement l'occasion de remercier une personne que l'on rencontre et avec laquelle naturellement se sont « tissés » des liens forts qui sont de nature à durer toute une vie !

Merci, Clémentine, de me donner cette opportunité. Je me souviens de notre première rencontre, quand, avec ton groupe de pairs, vous êtes arrivés dans mon bureau pour choisir votre « superviseur ». Je revois ton regard concentré, attentif et pétillant comme celui d'un enfant, tes yeux bleu-gris brillant de curiosité comme une attente de quelque chose de différent, une force intérieure animée par une forte détermination. Cette compréhension réciproque par le regard m'a interpellé. L'accord avec tes pairs s'est fait assez rapidement, toi… tu souhaitais prendre un peu de temps, une attente différente et inconsciente peut-être. Je crois qu'à ce moment tu portais déjà en toi la graine de ce livre, l'envie de raconter ces liens qui font un groupe, ces liens qui font grandir, ces liens qui accompagnent, protègent et transforment. Dans ce groupe, tu semblais la plus décidée pour raconter votre histoire, votre rencontre, vos rêves, vos cheminements et vos accords.

Au cours de notre travail collectif et individuel, je me suis laissé emmener par ton appétit, ta soif d'apprendre, ton envie d'aller encore plus loin. Ce besoin de faire « bouger » les lignes, « tourner » dans ta tête les idées et les décisions pour « fabriquer l'authenticité », disais-tu. Cette exigence, parfois, qui nous laissait en suspens avec ce besoin de « l'artisan créateur » qui cherche plus de sens, plus de finesse, plus de clarté, comme pour avoir la certitude qu'aucun détail ne nous échappait. J'ai souvent pensé que c'était un besoin de rigueur, mais aujourd'hui en écrivant ces lignes, je pense que c'était plutôt ta générosité, comme pour t'assurer que ton intuition et ta créativité étaient bien au service « d'être avec et être utile ». Ce besoin, comme la réalisation d'un chemin que toi seule connaissais.

Et puis la vie va à son rythme, avec son lot de joies et de pleurs. Sur ce chemin, tu as continué à avancer bravement, avec force et courage. Nos rencontres et les différents projets qui ont émergé à cette période ont favorisé encore ton goût du lien, ton envie de rencontrer l'autre, les autres, de t'investir dans ces nouveaux projets qui faisaient sens pour toi, pour nous : la médiation avec la CNV, la Z'Academy avec le coaching somatique. Et, bien sûr, les étapes « marketing » nécessaires au développement de ton activité de coach et de consultante au démarrage de ton aventure entrepreneuriale. Nos échanges à ce sujet furent riches, créatifs, amusants, je garde un souvenir fort de ton regard, de ta résistance, de tes rires et aussi de cette « Clémentine bleue » que j'ai vu naître de ton envie de recherche de positionnement. C'était un premier pas que tu as su transformer et enrichir. Je suis vraiment fier et heureux d'avoir partagé ces moments privilégiés.

Aujourd'hui, ces pages, ce livre sonnent comme une magnifique étape, une respiration à plusieurs pour continuer le chemin.

« La réunion de deux personnalités ressemble au contact de deux substances chimiques : en cas de réaction, les deux sont transformées. » Carl G. Jung

J'aime cette idée de transformation dans le lien, qui rejoint l'idée d'Albert Jacquard que nous sommes le produit de toutes nos interactions, de tous les liens que nous avons pu avoir et mettre en place. Ainsi, chacun d'entre nous n'est pas seulement celui ou celle que l'on voit ou que l'on croit connaître, mais aussi le produit, riche de l'ensemble des liens qui nous ont construits, qui font ce que nous sommes. Toutes ces rencontres, grâce auxquelles nos capacités, nos savoir-faire et être se sont développés, ont marqué, laissé une trace invisible en nous et ont construit un lien « humain », un champ relationnel qui fait notre spécificité. Chaque rencontre, chaque lien que nous avons créé, a permis à chacun de grandir, de devenir chaque jour plus capable de nouvelles performances, d'être à chaque fois en lien avec l'humanité qui fait les hommes.

Cela suppose d'oser aller à la rencontre des autres, d'avoir expérimenté le plaisir, la joie, l'envie et parfois l'appréhension, la peur, la réticence, de cette connaissance de l'autre, d'être « ouvert » a priori à une possible « alliance ».

J'aime cette attention particulière à ce qui se passe pour moi au cours d'une première rencontre. Me souvenir de ces instants magiques du premier contact, quand nos regards convergent, quand nous nous sommes serré la main, la musique des premiers mots, peut-être de cette connivence immédiate perçue comme des « retrouvailles » inconscientes, une connaissance oubliée. Cette nouvelle rencontre qui fait « lien » comme une évidence en ressentant cette chaleur particulière, cette facilité d'échange et de compréhension complice *« comme si nous nous connaissions depuis toujours* ». J'ai cette même curiosité pour mes proches lorsqu'ils font de nouvelles rencontres, « comment ça s'est passé ? »

Bien sûr, il n'est pas question ici d'analyser les leviers inconscients de nos histoires, de nos mémoires, ni de nos besoins, mais plutôt de mettre en évidence l'émerveillement du lien humain que nous sommes capables de faire émerger, de faire vivre et perdurer.

Saint-Exupéry évoque ce lien dans *Le Petit Prince* :

« … Qu'est-ce que signifie "apprivoiser" ? – C'est une chose trop oubliée, dit le renard. Ça signifie "créer des liens…" – Créer des liens ? – Bien sûr, dit le renard. Tu n'es encore pour moi qu'un petit garçon tout semblable à cent mille petits garçons. Et je n'ai pas besoin de toi. Et tu n'as pas besoin de moi non plus. Je ne suis pour toi qu'un renard semblable à cent mille renards. Mais, si tu m'apprivoises, nous aurons besoin l'un de l'autre. Tu seras pour moi unique au monde. Je serai pour toi unique au monde… »

C'est grâce à l'enseignement du renard que le petit prince découvre la profondeur de l'amitié :

« On ne voit bien qu'avec le cœur. L'essentiel est invisible pour les yeux. » « Tu deviens responsable pour toujours de ce que tu as apprivoisé. »

Saint-Exupéry décrit bien ce qu'est pour moi « le lien » : la nécessité d'aller vers l'autre, de l'écouter et surtout de prendre le temps de la rencontre, de la connaissance, de se mettre en lien et l'importance que cela peut avoir pour chacun. La prise de conscience de notre responsabilité est essentielle. Qu'est-ce que je veux de cette relation, comment je me projette ou pas dans notre histoire ? À chaque fois que je communique, que je parle de cette relation, de ce lien, en réalité cela traduit comment « Je » me suis engagé ou pas, et par-delà, ma responsabilité et ma sensibilité relationnelle.

Parmi les nombreuses formations que j'ai suivies, j'ai découvert la PNL[3] et aussi des travaux de Milton Erickson[4] qui évoquent la nécessaire « synchronisation[5] », tel un lien si puissant permettant un échange plus fort, plus authentique, plus profond. C'est aussi tel un processus naturel, « mimétique », inscrit dans notre patrimoine génétique. J'aime cette idée que notre besoin de lien soit inné et que nous soyons tous égaux d'une certaine façon, face à notre réalité de créateur ou de « ré-activateur » permanent de liens entre nous. « Aucun homme n'est une île » me conforte dans l'idée que nous sommes de fait en lien et que nous avons à reconnaître et spécifier ceux que nous voulons marquer et faire vivre dans nos vies pour répondre à nos besoins fondamentaux d'humains. Cela marque une continuité voulue ou non, dans chacune de nos rencontres. À nous de décider ensemble sur la portance de cet espace possible qui se crée. De quelle nature allons-nous qualifier et faire vivre cette émotion, fugace et/ou forte ? Quel futur voudra-t-on construire de ce moment particulier de « reconnaissance » ?

3. Programmation neuro-linguistique.
4. Considéré comme le fondateur des thérapies brèves, précurseur en marge des courants institutionnels de la psychologie, ses travaux ont inspiré plusieurs approches thérapeutiques, dont l'hypnose dite « ericksonienne ».
5. Technique utilisée en hypnose comme dans la vie de tous les jours, consistant à bouger et à parler en mimétisme avec la personne qui se trouve face à soi pour entrer « corps et âme dans sa réalité », et permettant de se centrer sur son interlocuteur pour installer un contact fluide et pertinent avec lui.

J'ose emprunter « on ne peut pas ne pas communiquer » et le proposer en « on ne peut pas ne pas avoir de lien ». Ce processus humain est naturel et, quoi que nous fassions, nous créons en permanence des multitudes de liens que nous ferons vivre ou que nous laisserons passer avec parfois en souvenir un regard, un sourire, un son, un parfum qui, en quelques secondes, auront traversé nos cœurs, et parfois d'autres que nous aurons pu/su faire vivre et perdurer, et qui nous marqueront pour toujours.

Bien sûr, tous les liens ne sont pas de la même veine, il en existe de nombreux : amicaux, amoureux, familiaux, professionnels, relationnels… et certains affectifs.

Marie Ainsworth a établi différents critères qui nous sont nécessaires pour qualifier un lien et peut-être en faire un lien affectif qui compte pour nous et pour l'autre. La proposition de Marie Ainsworth, c'est que, pour qu'un lien soit « affectif », nous devons prendre conscience de ce qu'il représente pour nous.

Les liens que nous sommes capables de créer permettent à chacun de s'accomplir dans l'agir afin de « devenir soi-même » en étant reconnu par les autres et ils répondent à nos besoins fondamentaux. D'Abraham Maslow à William Schutz (*L'Élément humain*), nous tentons en permanence de satisfaire nos besoins.

Quelle belle idée de la part de Clémentine de créer ces faisceaux de liens d'écriture à partir de liens existant entre elle et chacun d'entre nous, et de proposer de jeter un pont « liens » avec tous les lecteurs de cet ouvrage.

J'aimerais conclure par cette phrase de Françoise Dolto :

« Tout groupe humain prend sa richesse dans la communication, l'entraide et la solidarité visant à un but commun : l'épanouissement de chacun dans le respect des différences. »

Merci, Clémentine.

Introduction

de Clémentine Lego

Un matin de mai, au comptoir du Café Léa, je suis tombée dans *Le Parisien Magazine* sur une interview de Véronique Mattiussi, responsable du fonds historique du musée Rodin, qui parlait de la manière très intuitive dont Vincent Lindon avait abordé le rôle du sculpteur devant la caméra de Jacques Doillon. « J'avais préparé une liste de livres, mais Vincent m'a dit : "Je vous arrête tout de suite !" Il ne voulait pas que cela prenne la forme d'un apprentissage savant. [...] C'est un ogre qui se nourrit de tout ce qu'on lui donne. Il capte très vite. Et puis il rumine, il laisse infuser ce qu'il voit et entend. » Troublée, j'ai sorti calepin et crayon et noté ces quelques lignes, qui depuis restent dans un coin de mon esprit. Car l'intuition, c'est aussi un mode d'apprentissage dans lequel je me reconnais bien. Plus que l'école, qui n'a pas été pour moi la source essentielle de développement. Une source d'épanouissement relationnel enrichie de rencontres et de liens oui, notamment en pension de 15 à 18 ans. Issue d'une famille dotée d'une grande sensibilité artistique, je pense que ce côté *Artisan de la Relation* vient de là, une empreinte teintée d'intuition et de créativité. Un travail de dentelle délicat et invisible qui se tisse dans les rencontres.

Au fil du temps, au gré des découvertes, des joies et des désillusions, cette intuition m'a fait prendre conscience qu'il existait partout, dans nos vies, dans notre histoire, un élément essentiel

– essence-ciel –, omniprésent, polymorphe, plus que jamais vital dans le tissu délicat, abîmé de nos sociétés. Le *lien*. Ce lien, auquel il suffit d'être attentif pour comprendre que circule entre les hommes, entre l'homme et la nature, l'homme et l'animal, quelque chose d'interdépendant, d'organique. Quelque chose qui nous lie et nous relie ; qui est le socle indispensable d'un monde de plus en plus fragilisé. Le lien m'accompagne à chaque instant, quand, le matin, après avoir déposé mon fils à l'école, je trouve le temps de courir avant mon premier rendez-vous. Dans les allées du Jardin des plantes, je suis en lien avec mon corps, avec les arbres, les fleurs, parfois avec un panda roux qui me surprend depuis sa tanière. Je respire, j'observe, je contemple, je m'évade… Le lien est là, surtout, quand je reçois le sourire de mon fils, de tous ceux que j'aime. C'est une énergie vitale qui m'emplit et me donne envie, à mon tour, de donner.

L'intuition, enrichie de l'empathie, sont devenues des ressources essentielles, qui n'ont cessé de se renforcer avec les expériences et les années. Sur le plan professionnel bien sûr, car la relation est depuis toujours au cœur de mon activité – RH en entreprise, j'accompagne désormais en tant que coach et médiatrice CNV (communication non violente). À titre personnel surtout, lorsqu'à l'abord de la quarantaine, deux événements sont venus bouleverser mon existence : la naissance de mon fils d'abord, la veille de mon anniversaire – nous formons une paire de Verseaux indépendants et très liés –, puis une séparation. Vécu avec une grande violence, ce « traumatisme » (l'un des mieux partagés de notre société moderne) m'a bouleversée, bousculée, pour être finalement le « déclencheur » puissant d'une remise en question profonde, qui m'a permis de cheminer vers un travail colossal sur moi-même… Pour moi qui crois plus au sens de toute chose qu'au hasard, l'accueil et le soin apporté à cette vulnérabilité ont été indispensables pour mieux me comprendre, mieux me connaître et avancer.

L'émergence de ce livre s'est alors révélée d'elle-même, comme une évidence, un désir intense, lorsque j'ai pris conscience que le moment était venu. « Pourquoi maintenant ? » m'avait demandé Anne, la psychanalyste qui m'a accompagnée. « Parce que c'est une étape importante de ma vie. J'ai beaucoup appris, je me sens différente, comme transformée, et j'ai envie de le transmettre. Un message d'espérance et de joie. »

C'est tout le sens de ma démarche, résolument positive, consistant à montrer, par l'exemple, à travers une palette de témoignages, que pour que les choses bougent, mieux vaut compter sur « soi » que sur le « système ». J'ai la conviction que les changements fondamentaux partiront de nous-mêmes, de chacun de nous. Pour donner envie et nourrir cette inspiration, j'ai dressé la liste de celles et ceux que je souhaitais interroger, pour illustrer ce qui devait être initialement un essai sur le lien. De fil en aiguille, ces rencontres, ces histoires de vie, ces parcours forts sont devenus naturellement le cœur de mon propos. Prendre la parole en donnant la parole à chacun. Mieux encore, cet ouvrage est la preuve concrète d'un lien qui s'est tissé, au fil de son élaboration, entre les personnes, autour d'un projet humain dont je suis, en quelque sorte, le « trait d'union » et le chef d'orchestre…

Celles et ceux que j'ai choisis pour ce livre sont, selon moi, des incarnations, des révélateurs ; des personnes qui œuvrent quotidiennement à créer, à élaborer des liens. Artisans du lien, ils le travaillent d'une manière singulière, qui donne une dimension unique à ce qu'ils entreprennent.

Parmi eux, de nombreux « accompagnants » ont, comme moi, fait du lien leur vocation. Ils exercent en tant que coachs, médiateurs, thérapeutes, formateurs ou enseignants… D'autres encore sont contributeurs, créateurs de lien, tout en exerçant un autre métier, et c'est leur manière d'être qui rend leur approche lumineuse. Une mosaïque riche et diverse d'hommes et de femmes, invités ici à se confier et à rêver, et dont les témoignages révèlent un rapport au lien omniprésent dans leur histoire, depuis l'enfance, et qui sous-tend tous leurs projets d'aujourd'hui.

Dans leur histoire, toutes ces personnes ont connu, comme moi, un « point de bascule ». Je suis plus que jamais persuadée que dans toute épreuve, dans toute souffrance, se trouve une graine qui ne demande qu'à germer, qu'à se transformer pour porter le fruit de quelque chose de très fécond. De plus essentiel. De plus essence-ciel.

Ce que j'ai voulu vous confier en vous livrant ces témoignages, au delà des mots, derrière les pensées et dans les interstices qui révèlent l'espérance cachée, émergente ou bien présente, c'est que le lien peut tout transformer, jusqu'à réconcilier, guérir, réparer. Il peut tout changer. J'ai voulu que ces témoignages soient pour vous des miroirs, car chacun y trouvera tout ou partie de sa quête. Peut-être même des pistes se révéleront-elles, comme un chemin où s'aventurer. Une bifurcation à prendre. « Le possible est immense », disait Lamartine. Il nous affranchit de l'étroitesse du réel. Les liens, leur diversité nous ouvrent tous les champs de l'immensité des possibles.

Explorer son histoire, un chemin vers soi

Philippe Clairfayt

Philippe Clairfayt est né en 1965 à Désertines, dans l'Allier. Après diverses expériences professionnelles au gré de ses rencontres, c'est sa vie en famille, au sein d'une communauté agriculturelle et thérapeutique auprès de personnes en situation de handicap, qui lui permet de se former à l'accompagnement de personnes fragiles et d'expérimenter concrètement des formes nouvelles d'organisation collective.

Formé à la communication non violente (CNV), puis à la médiation, à l'accompagnement et au coaching biographique, il accompagne aujourd'hui les personnes et les organisations au sein de sa société Chemins singuliers.

chemins-singuliers.com

*Quand je l'ai rencontré, **Philippe Clairfayt** était assistant formateur au sein de l'équipe de Nathalie Simonnet et exerçait dans le cadre de l'École des Médiateurs CNV. C'était une personne discrète, qui observait, en se tenant un peu en retrait. Il m'intriguait, car* *lorsqu'il s'exprimait, par petites touches, pour livrer le fruit de son observation et de son ressenti, ses interventions étaient empreintes d'une acuité rare, d'une justesse d'analyse et d'une sensibilité remarquables. À travers sa société, Chemins singuliers, il accompagne aujourd'hui des personnes en « coaching biographique », une méthode permettant de mettre en lumière des éléments de leur vie qui ont été déclencheurs de changement. De manière globale, Philippe accompagne les entreprises, les associations et les particuliers pour les aider à identifier et à faire émerger leurs « chemins singuliers », et les mettre au service du développement des personnes et de leurs projets.*

Philippe n'a pas appelé sa société Chemins singuliers par hasard. Il a un talent particulier pour tirer sur le fil – le fil d'Ariane, le fil de soi... Nous sommes tous sur un chemin, et grâce à son savoir-faire et sa vision fine, il nous permet de visualiser ce qui s'y passe, et de découvrir, au fond de nous, la singularité qui nous caractérise. C'est la sienne que j'ai souhaité mettre en exergue dans cet entretien.

J'ai 51 ans. Après une formation de menuisier, mon premier projet professionnel a porté sur la confection de jouets en bois... Ensuite, une rencontre en entraînant une autre, j'ai travaillé au sein d'une coopérative de produits bio, puis dans une maison.

En 1996, ma femme et moi, avec nos trois enfants, nous avons rejoint Le Béal, un Foyer de vie qui accueille des personnes en situation de handicap, dans la Drôme. Il fait partie du mouvement international Camphill[6] et fut agréé dans les années 1970 au titre des expérimentations sociales. La mission d'un Foyer de vie est d'offrir à ses résidents, outre un logement et un accompagnement spécialisé, des activités artistiques, ludiques et culturelles. La dimension du travail à proprement parler est assez peu présente. Au Béal, comme dans tous les Camphill, elle est complètement intégrée, à côté de la vie sociale, et de la vie culturelle et artistique. Les familles qui ont fondé ce Foyer de vie ont créé des ateliers à dominante agricole, qui permettent à chacun, quel que soit son handicap, de trouver aussi son chemin par le travail. Cette expérience a beaucoup contribué à ma réflexion sur la question de la place de chacun au sein de la société… Grâce à cette expérience communautaire, j'ai découvert deux thèmes désormais prédominants dans ma vie : l'accompagnement et les nouvelles formes d'organisation collective.

Durant quinze ans, j'ai été coresponsable de ce foyer familial et de la ferme thérapeutique cultivée en biodynamie[7]. Parallèlement, je me suis fortement impliqué dans le projet de l'association La NEF (Nouvelle Économie Fraternelle), qui œuvre dans le champ de l'économie sociale et solidaire.

Dans ce cadre, la question du vivre ensemble et de la communication est devenue centrale. J'ai décidé de me former à la communication non violente (CNV), puis, en 2008, à la médiation

6. Mouvement né en 1939, à l'approche de la Seconde Guerre mondiale, lorsque le Dr Karl König et quelques jeunes artistes, médecins et pédagogues, réfugiés de l'Autriche annexée, trouvèrent refuge en Écosse. Offerte par le père d'un enfant handicapé, la maison appelée « Camphill » donna son nom au futur mouvement. L'idéal de ces personnes était de vivre ensemble avec des enfants handicapés mentaux. Quelques années plus tard, d'autres communautés Camphill furent créées sur le même modèle, toujours dans le but de développer des formes de vie sociale et thérapeutique nouvelles.
7. Technique d'agriculture mise au point par Rudolf Steiner et développée depuis 1924 dans le monde entier.

CNV (EMCNV) avec Annie Gosselin, avocate et formatrice certifiée en CNV. En 2015, après une formation à l'accompagnement et au coaching biographique, j'ai décidé de créer ma propre activité. Une nouvelle page de mon histoire s'est ouverte. Aujourd'hui, j'accompagne personnes et organisations à travers un processus fondé sur leur propre histoire, leur biographie[8]. Dans cette démarche, le travail biographique et la médiation peuvent s'enrichir mutuellement, pour ouvrir à une meilleure compréhension de soi-même et des autres…

Le coaching biographique

C'est en lisant des ouvrages de Rudolf Steiner[9] que je me suis intéressé à cette approche de la biographie. Ce travail consiste à mettre en lumière la dynamique et le sens des événements marquants de notre vie. Cette observation fait apparaître différents rythmes qui structurent la vie, à travers lesquels se révèle peu à peu le caractère original de la personne. Ce travail apporte une compréhension des étapes et des difficultés qu'elle a traversées, ainsi que des rencontres qu'elle a faites. Ainsi, grâce à ce travail, la personne s'approprie ses rythmes biographiques, découvre ses ressources intérieures et renforce sa capacité à relever des défis. C'est l'occasion d'entrer en « connivence » avec soi-même et d'ouvrir de nouvelles portes !

Dans la pratique, je pose de multiples questions pour mettre en lumière certains « détails » qui en réalité n'en sont pas. En prenant conscience de leur importance, la personne fait des liens entre des événements, parfois distants de dix ou vingt ans, qui

8. www.chemins-singuliers.com
9. Philosophe autrichien, auteur de *La Philosophie de la liberté*, fondateur de l'anthroposophie, « chemin de connaissance » visant à « restaurer le lien entre l'homme et les mondes spirituels ».

soudain prennent tout leur sens ! L'approche biographique fait beaucoup appel à la sensorialité... À cet instant, la personne perçoit la profondeur, la densité de ces petits hasards « qui font toute une vie ». Être témoin de ce travail biographique est une chose passionnante !

Si le dénouement de ce fil biographiquc fait appel au vécu passé, il est aussi résolument orienté vers l'avenir... Ce travail est une tentative pour se réaligner sur son étoile.

Spirituel ? Sans doute. De fait, je crois que derrière ce monde matériel, il existe un monde beaucoup plus subtil, invisible à nos yeux. Tout comme nous avons des yeux de chair, nous pouvons également envisager d'en avoir qui nous permettent de pénétrer dans cette dimension-là de la réalité. Le spirituel n'est pas une dimension au-delà du terrestre, il est présent partout. Certaines personnes y sont sensibles, d'autres moins. Et ce n'est pas parce que ce monde est invisible que nous ne sommes pas en interaction, en lien avec lui...

La médiation préventive

Pour Marshall B. Rosenberg[10], il s'agit d'ouvrir un cheminement vers une compréhension de ce que vit chaque personne impliquée dans la relation. L'un des ressorts principaux de la médiation est l'empathie. Quelle que soit la situation, la médiation conduit à établir des conditions favorables pour créer et entretenir des relations constructives avec l'entourage. Ce n'est pas par hasard si mon site s'intitule *« Chemins Singuliers – Travail biographique et soin de la relation »*. J'insiste beaucoup sur cette dernière dimension : la prévention, le « prendre soin ».

10. Psychologue américain, créateur de la CNV.

J'interviens dans des situations très différentes. Dans le cadre d'un conflit judiciaire, par exemple, où la justice règle certes le litige, mais laisse le conflit « ouvert ». Ici, la médiation comme « mode alternatif » à la résolution du conflit est complémentaire aux procédures judiciaires en ce qu'elle prend soin du « lien ». D'ailleurs, la médiation est un processus pertinent partout où la relation et le lien sont en jeu…

Le champ d'application de la médiation CNV est très vaste. La médiation préventive s'adresse aussi bien à la famille et au couple qu'à des groupes. Dans le cadre de projets collectifs, c'est un moyen de clarifier des objectifs à partir d'une compréhension mutuelle, pour que chacun puisse devenir porteur de l'image globale et vivante du projet commun… Dans le milieu institutionnel, notamment dans le domaine médico-social, que je connais bien, et dans les organisations, j'accompagne la constitution de nouvelles équipes. Au sein de l'entreprise, mon travail peut s'inscrire dans le cadre de la prévention des risques psychosociaux… Dans le cadre familial, j'accompagne des périodes de doutes, des difficultés relationnelles dans le couple, entre les générations… Ainsi, toutes ces tensions invitent à ouvrir des espaces pacifiques pour tenter de retrouver un accord, une harmonie, une direction commune et prendre soin du lien avec un grand « L ».

Concrètement, lorsque le conflit éclate, le recours à la médiation permet aux personnes concernées de se retrouver dans un espace neutre et sécurisant. Bien sûr, la confidentialité des échanges est la condition *sine qua non* à l'établissement d'un climat de confiance favorable à l'expression sincère de ce que vit chaque personne concernée. Grâce à la présence du médiateur, chacun peut se raconter et être écouté, et c'est précisément cette écoute réciproque qui « ouvre la porte » à la compréhension mutuelle et permet de cheminer vers des voies d'apaisement et de résolution du conflit. En tant que médiateur, ma première tâche est de créer les conditions favorables pour que les personnes trouvent des solutions satisfaisantes pour chacun.

Cheminer aux côtés de l'autre

Ce que j'aime le plus, c'est accompagner des personnes à mieux se connaître, à (re) saisir leur vie. En tant que médiateur, je chemine avec les personnes vers ce lieu d'ouverture où elles vont tenter de se réaligner. Ce moment où tout est déstructuré n'est-il pas précisément le meilleur moment pour redonner une direction à sa vie ? De fait, ces passages difficiles sont souvent très positifs, ils ouvrent la possibilité de créer du nouveau à partir du chaos… Mais dans quelle direction ? Ce que j'aime le plus, c'est de rester au pas de l'autre et de découvrir quel est ce pas au moment où on est en train de le faire.

L'une des plus belles expériences est celle du silence. C'est quand le silence se fait que l'être profond de la personne commence à parler, qu'elle commence à toucher sa propre profondeur. C'est un moment unique. Et lorsque je suis témoin de cette rencontre de l'autre avec lui-même, à ce moment-là, je ressens de la joie ! Bien sûr, comme concrètement il ne se passe rien, c'est quelque chose d'irrationnel, purement de l'ordre du ressenti… Il y a un grand silence, on est juste là, l'un en face de l'autre, et quelque chose émerge. Fréquemment, des larmes surgissent. C'est comme si la personne avait sous les yeux un vaste paysage et qu'elle savait soudain où est sa place. Il y a une dimension sacrée ! Lorsqu'on arrive à vivre cette bienveillance, cela ouvre la porte du « sanctuaire ». Mais pour y pénétrer, il faut avoir l'autorisation de la personne. Et si ce n'est pas le cas, alors on doit rester à la porte de cette intimité…

On n'entre pas dans la biographie de quelqu'un par la fenêtre ou par la cheminée : il faut trouver la porte. Pour moi, elle réside dans la question que porte la personne en venant faire ce travail. La question est la porte d'entrée dans la biographie d'une personne. S'il suffit de poser des questions pour obtenir des réponses, encore faut-il savoir poser une question et prendre le temps de nous lier à elle.

Au fond, accompagner, c'est offrir un espace à la personne pour se relier à elle. J'aurais adoré accompagner des gens en haute montagne, tant il est indispensable dans ce milieu d'être attentif à l'autre. Dans mon travail, même si je reste en plaine, j'accompagne malgré tout une personne au milieu du chaos, des glaciers et des crêtes… Parfois, on ose traverser seul, à distance, parce qu'on sait qu'on est accompagné. Le simple fait de savoir qu'il existe une corde qui nous relie à l'autre, aide à franchir ces passages délicats. Bien sûr, c'est également ma propre histoire qui me permet d'être en lien avec ces personnes. Dans l'accompagnement, j'offre aussi mon propre cheminement, qui explique pourquoi j'ai choisi ce métier et la façon dont je l'exerce aujourd'hui.

Se réapproprier sa vie

Dans cet échange, j'essaie de contribuer au mieux à ce que la personne se saisisse d'elle-même. Nous cheminons certes tous sur le chemin de l'évolution, de l'humanité ; cependant, le lieu d'où chacun doit partir est celui où il y a un « JE », qui parle à la première personne. Même si ce n'est pas toujours aisé, je pense que le passage par la porte du JE est incontournable, qu'il est nécessaire de se décomplexer sur la question, d'assumer d'accorder de la valeur à sa propre existence. De se réapproprier sa vie. D'affirmer : oui, *ma* vie est importante. D'une certaine façon, mon rôle est de faire en sorte que la personne s'intéresse à sa propre vie comme s'il s'agissait de celle de quelqu'un d'autre. Qu'elle parvienne à s'aimer elle-même, mais surtout pas de manière égocentrée.

D'ailleurs, comment rencontrer l'autre si l'on ne s'intéresse pas à sa propre vie? La rencontre nécessite de se quitter un peu soi-même, pour voir le monde avec les yeux de l'autre, l'espace d'un instant. Mais pour ce faire, pour se mettre un peu de côté, il faut déjà s'appartenir, être en paix avec soi. En médiation par exemple, j'observe que les personnes en situation de conflit perdent le sens de la réalité que l'autre a du monde. Lorsqu'il y a une telle distance avec l'autre, le lien ne se fait plus! Dans ce cas précis, j'ai juste envie de dire : *« Maintenant, je m'intéresse à toi, et toi, comment vois-tu la vie? Puis-je réduire un peu cette fracture en m'intéressant à toi? »*

Je suis persuadé que si l'on ne s'appartient pas, le lien avec l'autre est impossible! Au contraire, si l'on s'appartient, on entre dans un lien qui libère! Et en médiation, si chacun parvient à faire un bout de chemin avec lui-même, on a déjà fait les trois quarts du travail… D'ailleurs, pour certaines médiations, la question d'aller soigner le lien entre les deux personnes ne peut pas se faire tout de suite, parce qu'elles sont trop loin l'une de l'autre. Ce qui les éloigne, ce n'est pas l'autre. C'est d'elles-mêmes qu'elles sont trop éloignées…

Ce dont je rêve pour ce monde, c'est que l'on gagne en liberté, en autonomie, en pouvoir, mais le pouvoir que l'on partage, pas celui qui divise!

Une invitation à retrouver ces liens qui nous révèlent ?

Je pense à la musique très épurée du compositeur estonien Arvo Pärt : *Spiegel im Spiegel*. Cette musique écrite pour piano et violon, extrêmement épurée, me touche profondément par sa lenteur, son harmonie, sa spiritualité… C'est une méditation ! Cet air de musique ne parle que d'harmonie, de lien, de bonheur… C'est sublime !

« Si le dénouement de ce fil biographique fait appel au vécu passé, il est aussi résolument orienté vers l'avenir… Ce travail est une tentative pour se réaligner sur son étoile. »

L'ancrage des liens de l'enfance

René-David Hadjadj

René-David Hadjadj a exercé plusieurs fonctions de directions opérationnelles en entreprise et créé, développé, dirigé, puis vendu trois sociétés. Spécialisé dans le développement et la transformation des organisations, il accompagne depuis plus de vingt-cinq ans les dirigeants et leurs équipes, principalement pour identifier, comprendre et positionner leurs stratégies personnelles. Avec l'ambition de les amener à être plus efficaces et inspirants pour améliorer et valoriser leur impact en situation.

Il est l'auteur du *Marketing du coach* (Eyrolles, 2009) et le coauteur, avec Danièle Darmouni, de *La Supervision des coachs* (Eyrolles, 2010) et *Leader 3.0* (éd. Afnor, 2018).

www.aevolis.wordpress.com - aevolab.com

J'ai fait la connaissance de ***René-David Hadjadj*** *en 2011 à l'école de coaching International Mozaik lorsqu'il m'a fallu trouver un superviseur dans le cadre de ma formation. Autour d'un groupe de pairs, René-David était notre superviseur. Il est celui qui m'a* *accompagnée dès les débuts de mon activité et m'a aidée à trouver mon identité de coach – soutien précieux à l'occasion duquel il m'a baptisée « la Clémentine bleue », clin d'œil à la singularité qu'il a décelée chez moi. Quand j'ai commencé à écrire sur le lien, il m'a paru évident de lui donner la parole au travers de celui que nous avions, de notre rencontre, de celles que nous avons créées, de ce métier que nous avons en commun. Je savais, sans connaître son histoire découverte pendant l'entretien, que c'était une personnalité aux talents multiples, capable de détecter les pépites et trésors cachés chez ses interlocuteurs.*

En guise de préambule, je lui ai posé la question de ce double prénom, qu'il utilise dans le cadre professionnel et qui devient plus simplement « David » dans la sphère de l'intime.

De mes deux prénoms, c'est David le plus usité, celui qui fait le plus « lien ». Mais René et René-David sont eux aussi, à leur façon, *porteurs de liens*… En réalité, je préfère laisser chacun choisir le prénom avec lequel il se sent le plus à l'aise : ce sera David pour certains, René pour d'autres, ou bien René-David, à moins qu'ils ne préfèrent à nouveau David… Je pense qu'à travers ce que les gens projettent sur un prénom, il existe un lien, qui n'appartient pas à celui qui le porte.

À vrai dire, au-delà de mes prénoms, la question du lien est inscrite de longue date dans mon histoire…

Je suis né en 1954 à Constantine, en Algérie, où j'ai passé la première partie de ma vie, et mes premiers souvenirs « construits » remontent à l'âge de 3 ans. Dans un contexte où cela n'avait rien d'évident, en dépit de tous les obstacles, ma famille, mes parents ont su me montrer que « l'autre » pouvait être un ami. Je leur en suis extrêmement reconnaissant. Dans cette Algérie en guerre, ils m'ont appris, moi, le petit garçon français et juif, à me montrer bienveillant, ouvert et à « aimer » les différences. Très jeune, j'ai ainsi éprouvé concrètement la force des liens humains, où l'origine ou la religion importaient moins que le « savoir vivre ensemble » et l'attention que chacun portait à l'autre.

Quand nous avons été rapatriés à Paris, tout a changé, mais ces apprentissages précoces du lien, profondément ancrés en moi, n'ont fait que croître et se renforcer. Je n'ai pas tout compris de cette période, mais je me rappelle qu'on nous a envoyés, mon frère et moi, en Suisse, dans un village où résidait une partie de notre famille. J'en garde des souvenirs magiques, qui m'évoquent l'histoire des « chaudoudoux[11] ». Dans ce petit village, j'ai le sentiment d'avoir stocké des tonnes de liens et de « chaudoudoux » qui m'ont construit, et qui sont à l'origine de mon besoin d'aller rencontrer autrui, au fond, et de me dire : « On peut forcément faire quelque chose ensemble. » Simple, gratuite, empathique, enthousiaste et dynamique, c'est toute la magie de la rencontre !

J'ai grandi dans les entreprises, avec des histoires d'entreprises, d'entrepreneurs, de gens en entreprise. Par bonheur, cependant, avant de commencer mes études, j'ai eu *la permission de choisir mon chemin*, de voyager. Cela m'a donné un espace de liberté qui m'a transformé : je ne savais pas encore vraiment ce que je voulais faire, mais j'avais confiance dans la vie, et j'avais l'envie et la possibilité de « faire les choses autrement ». C'est ainsi

11. *Le Conte chaud et doux des chaudoudoux,* de Claude Steiner, psychologue américain et disciple d'Éric Berne (fondateur de l'analyse transactionnelle), est un livre pour enfants et aussi pour adultes. Il traite de l'art d'être heureux et de rendre les autres heureux, de la joie de donner et de recevoir. L'auteur l'a envisagé comme un support pour comprendre, gérer, changer et améliorer les relations entre les personnes.

qu'aujourd'hui, à côté de mes activités d'entrepreneur et d'ancien dirigeant, je suis également auteur et conférencier : constructeur de la vie que je me suis choisie.

Un trait d'union

En novembre 1989, après plusieurs aventures entrepreneuriales, j'ai connu le vrai déclic, celui qui a déterminé ce que je fais aujourd'hui. C'était à l'occasion d'une conférence où je devais présenter le « marketing à la française » devant un parterre de responsables soviétiques. Moi qui n'avais habituellement pas d'appréhension à prendre la parole en public, c'était la première fois que je m'adressais à des gens venus de si loin pour m'écouter. Nous étions plusieurs intervenants et j'avais vraiment le trac. Pour tâcher de le surmonter, je suis arrivé en avance et j'ai demandé aux interprètes de me traduire en russe quelques formules très simples – *« bonjour », « je suis content d'être là », « est-ce que vous avez des questions ? », « est-ce que c'est clair pour vous ? »*… Je les ai notées en phonétique et j'ai ponctué ainsi mon intervention. À la fin, les participants se sont levés et m'ont applaudi. Aussitôt, j'ai ressenti un frisson, une véritable émotion, et je me suis dit : voilà ce que je veux faire comme métier !

Si, sur le coup, je n'ai pas eu directement conscience du lien que je créais, j'ai compris que ce qui importait, c'est notre *capacité à comprendre le besoin des autres.* Ainsi, j'avais placé entre ce public et moi ce *trait d'union possible…*

Un an plus tard, en 1990, je créais la société RDH Conseils Stratégies, spécialisée dans la stratégie d'entreprise et le développement business organisationnel et humain. Rapidement, mon équipe et moi avons été sollicités pour développer des formations, puis de l'accompagnement et du coaching.

À contre-courant

Dans ces années-là, où il était de bon ton de se montrer très dur, implacablement « business », de bousculer les gens, nous avons choisi d'adopter une attitude « à contre-courant » de cet esprit qui ne correspondait ni à notre manière d'être ni à notre vision de la relation, du lien. Chez RDH Conseils, nous communiquions sur le fait que nous étions un cabinet de « gentils ». C'est précisément le fait de se montrer respectueux, attentifs, qui a été la clé de notre réussite, qui a permis aux personnes que nous suivions d'avancer… Aujourd'hui, la gentillesse et la bienveillance, l'écoute, semblent des qualités évidentes, mais à l'époque, c'était très atypique. Au début, cela nous a d'ailleurs valu quelques railleries, mais les résultats étaient là, que nous revendiquions d'obtenir *autrement*. D'une certaine façon, c'est toujours ce que nous faisons aujourd'hui.

La première personne que j'ai véritablement accompagnée en tant que « coach » était le président d'une société internationale. Après s'être fait retoquer deux années de suite sur sa présentation de budget, il m'a appelé pour me demander mon aide. Malgré cette preuve de confiance, j'ai d'abord décliné son offre, car je ne connaissais pas les processus budgétaires de son groupe ni de son pays. Mais il a insisté, tant et si bien que j'ai fini par accepter. Je lui ai posé mille questions, je l'ai challengé. En somme, j'ai fait ce que l'on fait aujourd'hui en coaching. Et il a réussi sa présentation de budget du premier coup.

Il était très heureux, bien sûr, mais je ne l'étais pas moins. J'ai tout de suite partagé avec mon équipe et je leur ai dit : « Vous savez, j'ai fait un truc un peu différent… » Et je leur ai raconté l'histoire. Quelqu'un dans l'équipe m'a alors dit : « Et si on en faisait un modèle ? » Dès lors, tout est allé très vite. De notre côté, nous avons créé AIP (Accompagnement individuel personnalisé), tandis que mon client, ravi, parlait de nous autour de lui. Résultat, les demandes ont afflué d'un seul coup. Voilà comment se perpétue le lien !

Cela a si bien fonctionné certainement parce que nous étions un groupe engagé, en partie grâce aux liens que nous avions tissés tous ensemble. En réalité, je n'ai aucune difficulté à être dans le lien ou de « faire du lien », puisque c'est ce qui me vient naturellement, peut-être parce que je suis issu d'une lignée d'entrepreneurs, avec laquelle je n'ai jamais rompu. J'ai vite appris qu'on ne pouvait faire fonctionner une équipe, une entreprise que dans le lien et dans la coopération. Ma réussite vient du fait que j'ai su « créer un cadre clair » et me mettre en lien avec l'ensemble des collaborateurs. Être ainsi en alliance, chaque fois que je l'ai pu, m'a porté pour accomplir avec succès missions et objectifs.

S'il fallait définir ce métier que je me suis forgé sur mesure, je dirais qu'il consiste avant tout à « réparer des ruptures de lien ». Lorsque je regarde les raisons pour lesquelles on me choisit pour accompagner des personnes ou des groupes, il me semble que le plus souvent, c'est parce qu'un lien s'est rompu dans la chaîne, dans le système. À chaque intervention, je m'engage à fond, car j'ai la conviction qu'il y a toujours une possibilité de réparer le lien, plus ou moins, quitte à le transformer. Le résultat sera peut-être différent, mais on sera parvenu à recréer quelque chose qui sera quand même du lien. C'est ainsi que je conçois l'idée du travail sur la transformation et l'accompagnement des changements, qui est le cœur de mon métier.

Reconnaître l'autre comme étant porteur d'un lien

L'important, c'est la capacité que nous avons à nous retrouver, à un moment donné, sur la volonté d'être en lien. Et *si cela ne dure pas, ce n'est pas grave.* Parmi les nombreuses personnes que nous serons amenés à rencontrer dans nos vies, il y en a certaines avec lesquelles nous resterons en lien, et d'autres non. Ce qui compte cependant, c'est qu'au moment où nous nous sommes rencontrés, il s'est passé quelque chose de plus ou moins important.

En fait, qu'est-ce qui fait le lien ? C'est notre capacité à reconnaître l'autre comme étant lui aussi porteur d'un lien. Si je souhaite être en lien avec Pierre, Paul ou Jacques, mais qu'eux n'en ont pas envie, j'aurai beau essayer de les convaincre, ça ne suffira pas. D'après moi, la notion de lien n'a de sens que dans la mesure où il existe aussi une volonté chez l'autre ou les autres. Pour que le lien soit concret, il faut qu'il y ait un *partage* et une *connivence.* « Être en lien », c'est cette conviction que nous partageons ensemble le sentiment que rien n'est plus important que ce que nous faisons ensemble. Ce n'est rien d'autre que ce partage d'intimité-là.

La manifestation physique de ce phénomène passe chez moi par une émotion particulière au creux du ventre, comme un petit picotement. Il s'agit d'un signal à plusieurs niveaux : celui du lien, celui de l'échange intime. C'est un moment de partage magique, d'une grande intensité, où j'ai l'impression que l'autre, ou le groupe, ressent lui aussi ce que je ressens. C'est un signal matériel, perceptible dès les premières rencontres, qui indique à coup sûr que nous sommes en train de fabriquer quelque chose, que nous parviendrons à faire du bon travail parce que nous allons nous entendre.

J'ai ressenti récemment cette communion très particulière que crée le lien avec de nouveaux clients. Au bout de quelques minutes d'entretien, nous avions le sentiment d'être de « vieux amis » qui se connaissaient depuis longtemps, au point de se dire le plaisir que nous avions à nous rencontrer et à travailler ensemble. Dans ces cas-là, il y a *quelque chose qui circule*, qui nous échappe, presque, mais qui est bel et bien là. Ce n'est pas quelque chose de cérébral, plutôt *une forme de reconnexion d'une connaissance antérieure*, qui permet d'arriver à un niveau de proximité incroyable en l'espace de quelques minutes.

Transformer le lien pour le préserver

Cela oblige néanmoins à une certaine prudence, car un lien trop fort peut nécessiter, pour ne pas dévier vers une forme de dépendance, d'imposer une certaine distance. Cela m'est arrivé avec certains clients devenus « dépendants », sans en avoir conscience, du lien que nous avions créé. Dans ce cas, on peut casser la relation de façon abrupte ou alors au contraire chercher à *maintenir le lien, préserver la beauté de ce qui a été créé à un moment, parce qu'il s'agit d'une expérience commune positive, en prenant chacun une distance qui permette de trouver d'autres liens*. Distendre le lien pour mieux le préserver demande chaque fois des efforts, une attention et une bienveillance particuliers, car ce n'est pas un processus naturel. Cependant, je me suis rendu compte qu'en gérant l'élasticité de ce lien avec un regard bienveillant, pour prendre de la distance, le lien perdurait et la relation pouvait se poursuivre au fil des ans.

Décider de rompre le lien est toujours possible, mais, pour ma part, je m'y refuse. Comme je suis assez jaloux des liens que j'ai avec les uns et les autres, et plutôt conservateur, je n'y tiens pas. Au fond, je pense que je ne sais pas me désengager des liens… Ou que je n'en ai pas envie. Pourquoi ? Parce qu'à partir du moment où un lien se crée, j'ai l'impression que j'intègre les personnes en moi, que je les porte. Elles font partie de ma vie, de mes pensées… Il m'arrive d'y songer en voiture, seul sur la route, et je sens que je reste en lien. Parfois, alors, je reçois un message ou un coup de fil des personnes auxquelles je pensais. Comment aurais-je envie de perdre une chose aussi précieuse? De couper un lien qui sortirait de ma vie toutes ces personnes que je désire garder avec moi.

Je crois que si j'y tiens tant, c'est parce que ces liens m'ont véritablement construit, sans doute aussi parce que je suis issu d'une famille très en lien, où l'on faisait constamment attention aux uns et aux autres. Dans le lien, cependant, il existe une forme de « maillage » constitué par la famille, dont on peut sortir – au lieu de le briser – avec la permission de ceux qui ont assez d'autorité pour assumer cette permission. C'est ce qui s'est passé pour moi. Et j'ai grandi dans cette construction de lien permanent. Je suis convaincu que *l'apprentissage du lien, l'adaptation permanente sont des facteurs essentiels pour vivre libres*. Pour que le lien reste vivant, il faut apprendre à le construire et le reconstruire inlassablement.

Affirmer ses convictions avec courage

En procédant ainsi en entreprise, je réaffirme que si nous sommes capables de nous regarder, de nous écouter, de nous parler, les choses deviennent alors possibles. Et c'est valable dans toutes les entreprises du monde. Pour ce faire, il faut être cohérent, clair avec ses propres convictions, ses propres valeurs ou ses croyances, et avoir le courage de les porter. Dès lors, le lien peut *générer la liberté*. Je pense que c'est aussi pour cette façon d'être différente que nos clients nous choisissent. Pour cette forme de liberté, de courage, d'impertinence d'oser croire aux relations humaines, avant tout.

Il me semble que c'est précisément l'existence du lien qui renforce mes convictions, ma confiance en ce que je veux ou ne veux pas, mon assurance. Ainsi, non seulement l'ouverture est possible, mais de plus, elle permet le lien. Au fond, c'est cela que je porte : l'affirmation que l'on peut être différent et assumer cette différence, tout en faisant preuve de cette capacité à créer, à maintenir et renforcer ces liens dans l'entreprise. Souvent, j'entends : « On a *confiance en vous.* » Qu'est-ce qui fait qu'on a confiance en l'autre ? Que dès qu'on le rencontre, il vous inspire confiance, naturellement ? À mon sens, c'est l'*authenticité.* Lorsque l'on fait la preuve du courage de ses convictions, *on peut raconter avec passion, et créer le lien, l'ouverture.* Les clients qu'on coache en individuel et/ou en groupe repartent avec cela : ils voient que c'est possible, que ça marche, que ce n'est pas dangereux et que ça ne fait pas mal.

Mon plus grand souhait serait qu'il existe une sorte de baguette magique qui permette aux gens d'oser se parler, s'écouter, se regarder les uns les autres, s'aimer. En entreprise, j'explique aux managers que, parmi leurs objectifs, l'un des plus importants devrait être d'aimer leurs collaborateurs. Je leur dis : *« Si vous aimez vos collaborateurs, vous verrez une différence fondamentale ! »* Toutefois, j'ai beau avoir la conviction qu'ils en ont vraiment envie, je pense que le plus souvent, ils n'osent pas… Quand j'entre dans une boutique en lançant un grand bonjour, les gens se retournent et me regardent avec méfiance. Au restaurant, on se demande si je fais partie de la maison… Pourtant, dire « bonjour » est une chose parfaitement naturelle, pour moi, plus facile à faire qu'à ne pas faire. Au-delà de la culture, de l'éducation, c'est aussi l'invitation à la rencontre, aux liens qui peuvent émerger, à la faveur d'un instant béni. Je rêve de disposer de cette baguette magique qui nous permettrait à tous d'assumer cela, d'oser se regarder, parler, s'aimer, d'oser créer du lien sans craindre les réactions négatives.

Cependant, dans la vie de tous les jours, pour ne pas se laisser envahir, il faut savoir mettre en place certaines stratégies. Il arrive souvent qu'en voyage, dans le métro, dans la rue, je me retrouve à parler à des inconnus, au point d'empiéter parfois sur ma tranquillité, sur ce temps dont j'ai égoïstement besoin de profiter. Là encore, c'est une question de courage et de conviction, de distance : avec bienveillance, il faut savoir oser dire « pas maintenant ».

Une invitation à retrouver ces liens qui nous révèlent ?

Liberté
Invitation
Engagement
Nouveauté.

Il me semble que cet acrostiche improvisé résume bien ce qu'est le lien : une liberté, parce qu'au fond, on peut l'accepter ou non, l'initier ou non. S'il n'y a pas d'obligation, il est chaque fois une nouvelle invitation, et ce n'est pas parce qu'on est déjà en lien qu'on ne se réinvite pas chaque fois. Lorsqu'on crée un lien avec quelqu'un, on s'engage. Que ce soit pour un temps ou pour toute la vie, c'est toujours un engagement, solide, renouvelé, qui nous permet chaque fois de découvrir de nouvelles choses.

Aux premières assises du coaching, nous avions rêvé qu'à l'avenir, chaque personne pourrait bénéficier du suivi d'un coach. Autrement dit, nous serions tous capables d'accompagner quelqu'un, d'être en lien avec cette personne et de l'écouter, de l'accompagner sur son chemin. Aujourd'hui, je trouve toujours cela enthousiasmant.

« Mon plus grand souhait serait qu'il existe une sorte de baguette magique qui permette aux gens d'oser se parler, s'écouter, se regarder les uns les autres, s'aimer. »

Imagine-toi, dessine-toi, sois toi

Gilles Porte

Né en 1965 à Lyon, Gilles Porte (www.gillesporte.fr) est réalisateur, scénariste, directeur de la photographie et photographe. Assistant caméra pendant une dizaine d'années sur des films de Jacques Audiard, Marcel Carné, Costa-Gavras, Raoul Ruiz, Bertrand Tavernier et autres, il réalise également des clips pour Zazie, Mickey3D, la Grande Sophie, les Têtes raides… Il reçoit en 2005 le César du meilleur premier film et le prix Louis-Delluc pour le film *Quand la mer monte,* avec Yolande Moreau. En 2009, il se lance dans une démarche personnelle intitulée « Portraits/Autoportraits », consistant à faire se dessiner LIBREMENT des enfants du monde entier qui ne savent ni lire ni écrire. Il a signé la photographie d'une trentaine de longs-métrages, dont, dernièrement, *Dans les forêts de Sibérie,* réalisé par Safy Nebbou, et *L'Échange des princesses*, réalisé par l'écrivain Marc Dugain. En mai 2018, un documentaire intitulé *Le procès contre Mandela et les autres*[12], coréalisé avec le journaliste Nicolas Champeaux, est projeté en sélection officielle au Festival de Cannes. Depuis 2018,

12. Sortie prévue dans les salles le 17 octobre prochain.

il est président de l'Association française des directeurs de la photographie (www.afcinema.com).

« Vous travaillez avec des enfants, vous aussi? » C'est ainsi que ***Gilles Porte*** *m'a abordée, dans un Pain quotidien parisien où je venais de débriefer d'une animation à la Z'Academy avec Stéphanie, une autre intervenante et amie. Le lieu de rencontre est important, car nous n'y sommes jamais totalement par hasard. Pour celles et ceux qui ne le savent pas, la philosophie de ces restaurants est « s'asseoir ensemble et profiter de l'instant ». Jolie coïncidence.*

Nous avons longuement discuté, en particulier de l'expérience autour de son livre Portraits/Autoportraits, *qui rassemble des photos et des dessins d'enfants du monde entier, puis avons échangé nos coordonnées. Quelques mois plus tard, quand j'ai commencé à travailler sur mon livre, et que je l'ai contacté pour lui dire que je voulais qu'il y figure, il a aussitôt accepté. C'est un aventurier, un passionné, qui va jusqu'au bout de ses engagements, avec une intensité, et une authenticité entière qui est sa manière singulière d'être en lien. Si j'ai pensé à Gilles pour le livre, c'est pour son extrême sensibilité qui l'amène à entreprendre des projets incroyables. Donner la parole à des enfants du monde entier pour se présenter par le biais d'un dessin sur une vitre… Dans son action, Gilles incarne le lien humain dans tout ce qu'il entreprend. Ses blessures en ont fait sa force. Gilles est un personnage atypique qui gagne à être connu.*

Pour moi, le mot « lien » évoque une rupture familiale qui m'a profondément marqué. Un soir de Noël, il y a dix-huit ans, j'ai conseillé à mon père de se séparer de ma mère, parce que j'en avais assez de son alcoolisme que nous subissions, mon frère jumeau, ma sœur, ma mère et moi, assorti d'un « chantage au suicide » récurrent. Je n'oublierai jamais la réponse de mon père : « Si vous voulez la séparation, les enfants, c'est parce que vous voulez l'héritage ! » J'ai alors réagi très violemment, et si Pierre, mon frère jumeau, n'était pas immédiatement intervenu, sans doute aurais-je vraiment tué celui que j'étais en train d'étrangler... Suite à cette altercation, j'ai commencé un travail psychanalytique qui m'a aidé à comprendre pourquoi j'avais réagi ainsi. En réalité, c'est le mot « héritage » qui avait tout déclenché. Non pas parce qu'il évoquait en moi l'héritage au sens « matériel », mais l'héritage d'un point de vue « génétique ». Étant alors en plein conflit avec mon père, celui-ci m'imposait une évidence : j'aurais beau faire tout ce que je voulais, je lui ressemblerais ! Alors, avec 50 % du patrimoine génétique de mon père et mon refus d'accepter de ressembler à ce que j'estimais à l'époque être un monstre, j'ai dérapé ! J'ai voulu séparer mon père et ma mère sans comprendre à l'époque qu'il y avait des manières plus constructives de « tuer son père ». Vous avez dit Œdipe ?

De tous mes voyages, celui que j'ai partagé avec un psy a sans doute été le plus beau. Grâce à ce travail, un an et demi après cette étrange soirée de Noël, j'ai pu revoir mon père et ma mère, séparément. Ma mère avait pris le parti de l'homme qu'elle avait épousé sans faire la part des choses, tandis que mon frère et moi avions coupé tous les ponts avec nos parents. Je me souviens de ce rendez-vous avec mon père devant la statue de *L'Homme qui marche*, d'Alberto Giacometti, exposée au musée d'Art moderne de Saint-Étienne, proche du domicile de mes parents. Mon frère, lui, n'a revu ma mère qu'après le décès de mon père, c'est-à-dire dix-huit ans après les faits. C'est très positif, car cela traduit une certaine idée de l'homme : cela prouve que l'on peut croire en l'individu à partir du moment où celui-ci a la volonté que certaines choses changent.

La confiance

Un jour, au lycée, un professeur de français m'a dit « Prenez la... Porte ! » Alors, pour plaisanter, je suis sorti de son cours avec la porte d'entrée... Cela m'a valu un aller-retour chez le proviseur qui, heureusement, avait un certain sens de l'humour. Sérieusement, je ne crois pas que mon nom de famille influe sur mes actes, à part peut-être celui d'avoir dégondé cette porte. En revanche, je ne crois pas trop au hasard. Nous « sommes » les personnes que nous avons rencontrées, les voyages que nous avons faits, les expériences que nous avons vécues, les livres dans lesquels nous nous sommes perdus, les films que nous avons vus... Nous « sommes » aussi les étiquettes que nous avons portées ou qu'on nous a mises sur le dos, en famille, à l'école, au boulot... Moi, je suis jumeau et comme mes parents voulaient nous différencier, mon frère et moi, ils nous ont attribué à chacun une couleur – la couleur bleue pour moi et pour mon frère, la rouge : voitures électriques rouges/voitures électriques bleues, vélo rouge/vélo bleu...

Pour revenir à ma vision du hasard ou plutôt de l'« absence de hasard », cela vient sans doute aussi du fait que le travail psychanalytique m'a permis de comprendre des choses sans forcément les accepter. Comme cette histoire qui nous est arrivée, à mon frère et moi, lorsque nous avions 6 ans... Alors que mes parents nous avaient fait garder par une baby-sitter, mon frère Pierre est allé en cachette dans le bureau de notre père, médecin, et, dans un tiroir, a aperçu un revolver à plombs. En réalité, mon père avait deux passions : la médecine et la chasse. Il tuait le dimanche et soignait la semaine. Mon frère a alors appuyé sur la détente et brisé un verre qui se trouvait dans le tiroir. Prenant peur, il a (mal) refermé le tiroir. Ni la baby-sitter ni moi-même n'avons vu quoi que ce soit. À son retour, mon père a constaté ce qui n'aurait dû rester qu'un fait divers. Il a alors demandé à mon frère s'il en était le responsable – une question de pure forme, dont il connaissait la réponse, car les bêtises, c'était plutôt moi qui les signais. L'enfant qui avait desserré le frein à main de la voiture de sa mère dans une descente, c'était moi. L'enfant qui passait à travers les vitres et qui était le roi des paris stupides, toujours moi ! Sauf que cette fois, ce n'était pas moi qui avais appuyé sur la détente du revolver à plombs. Alors, comme n'importe quel enfant intelligent qui n'a pas envie d'être puni, mon frère a répondu négativement à la question de mon père, lequel s'est alors tourné vers moi pour me donner une énorme gifle ! En dehors du rouge et du bleu, une chose bien plus essentielle nous différenciait aux yeux de notre père : la confiance qu'il nous accordait. Une confiance que mon frère allait perdre ce jour-là et ne plus jamais retrouver puisque mon père a évidemment culpabilisé en apprenant très vite la vérité. Nous avions 6 ans lorsque cet état de fait a été instauré. Une confiance, dont je n'ai cessé de m'apercevoir à quel point elle peut être fondamentale au départ de chaque chose, comme dans le simple geste de se dessiner…

Portraits/Autoportraits

Depuis que j'ai 25 ans, je travaille sur des films dans le monde entier. J'ai travaillé environ sur soixante-dix longs-métrages, chacun représentant environ trois mois de travail. Alors que ma compagne était enceinte de ma fille, Syrine, j'ai tourné deux films, et je n'ai pu être présent lors de sa naissance que parce que la césarienne le nécessitait. Un an plus tard, quand Syrine apprenait à marcher, je tournais mon propre long-métrage, six jours sur sept, dans le Nord de la France et en Belgique. Miracle, lorsqu'elle est entrée à la maternelle, à 3 ans, j'étais auprès d'elle. Cependant, un détail avait changé : sa mère et moi avions décidé de nous séparer.

À cette période, je voulais passer plus de temps avec ma fille. Quand, dans le couloir de l'école, j'ai découvert les portemanteaux des enfants, identifiés chacun par des bonshommes tous différents, ça a été une révélation. Le point de départ d'une démarche dont j'ignorais encore l'ampleur et à quel point elle allait changer le cours de ma vie. Dans ce projet, mené d'abord avec la classe, puis avec l'école de ma fille, l'enfant se dessinait librement et quand il terminait, je le prenais en photo et j'établissais un diptyque avec son autoportrait et le portrait que j'avais fait de lui… J'ai réitéré l'expérience durant trois années de suite dans la même école maternelle.

À l'origine, ce sont les mots de Picasso qui m'ont guidé. Picasso, qui n'a eu de cesse toute sa vie d'essayer de dessiner comme un enfant. Il aurait pu ajouter « comme un enfant de moins de 6 ans ». Un an, deux ans, trois ans après, combien se dessineront encore librement ?

Un enfant de 3 ou 4 ans est un esprit libre, un être un peu vierge, où l'intellect n'a que très peu de place. Pourquoi, lorsqu'un enfant de 3 ans fait dix doigts sur une main, s'enthousiasme-t-on ? Alors que, quand ce même enfant, à 6 ans, dessine sept doigts sur une seule main, la plupart des adultes pensent qu'il y a un problème ? Sans doute parce qu'un enfant de 6 ans doit savoir compter… Et pourquoi faut-il s'appeler Picasso, Miró ou Giacometti pour s'octroyer, de nouveau, le droit de dessiner huit doigts sur une main ? Comme nous vivons dans un monde formaté, je souhaitais, non pas préserver les enfants de ce formatage, mais tout simplement garder des sortes d'empreintes avant qu'ils ne grandissent avec des règles différentes…

Paris et le monde

En 2005 (comme par hasard, l'année du César), j'ai eu l'idée de faire une exposition de ces photos, gratuite, dans le XVIIe arrondissement, en exposant des bâches sur les grilles de l'école.

La deuxième semaine, l'une des bâches a été volée. Je me suis alors rappelé le texte d'une chanson de Georges Brassens, dédiée à son cambrioleur : « *[…] Autre signe indiquant toute absence de tare. Respectueux du brave travailleur, tu n'as pas cru décent de me priver de ma guitare. Solidarité sainte de l'artisanat […].* » À l'instar du poète, j'ai écrit quelques mots à mon tour, que j'ai laissés à l'emplacement de la bâche volée : « En remerciant celui ou celle qui m'a dérobé cette bâche de m'avoir laissé les 59 autres… » Quelques jours plus tard, la bâche était revenue ! Un homme l'avait volée parce qu'il s'agissait du portrait de son fils, dont il n'avait pas la garde…

Faire se dessiner plus de quatre mille enfants dans plus de cinquante pays n'était pas prémédité du tout. C'est comme un flocon de neige qui descend la montagne et qui, sans s'en rendre compte, provoque une avalanche ! Bien sûr, je suis responsable de cette avalanche, mais à l'intérieur de celle-ci, j'ai eu plusieurs fois l'occasion de me rendre compte que j'avais oublié de prendre avec moi une balise ARVA et j'ai failli y rester plusieurs fois, si tant est que j'en sois vraiment ressorti…

Quand Syrine avait 4 ans, je faisais un clip pour Grand Corps Malade, lequel est un jour venu chez moi avec Jacky, un ami d'origine béninoise. En regardant ses pieds, ma fille m'a dit : *« Papa, je n'aime pas les Noirs ! »* Cela m'a décidé à l'emmener au Kenya, pour trois semaines, rejoindre ma sœur qui travaillait en tant que membre de Médecins sans frontières. C'est ainsi que, pour la première fois, le foisonnant ensemble Portraits/Autoportraits est sorti non seulement du XVIIIe arrondissement de Paris, mais aussi de l'Hexagone. Papiers noirs, crayons blancs, appareil photo : de retour à Paris, j'ai mélangé des dessins d'enfants masaïs avec des dessins d'enfants de Paris, et j'ai demandé à ma fille de me montrer où étaient les Noirs… Elle n'a pas pu répondre !

Enfants d'ici et de partout

À partir du moment où l'enfant est en confiance, il s'abandonne à son geste et la grâce apparaît. C'est bien plus aléatoire de mettre un comédien devant une caméra. Je me souviens de Busra, 3 ans, d'origine turque, qui vivait en Allemagne. Au bout de vingt minutes, elle avait tracé un trait sur une vitre que j'avais installée devant elle. Certaine qu'elle ne dessinerait pas, une femme qui travaillait dans le même jardin d'enfants m'a proposé de faire un essai avec un autre petit. Mais Busra s'est lancée et s'est représentée dans un dessin qui rappelait un Soulages… Je me souviens aussi, en Birmanie, d'enfants de l'ethnie Karen qui avaient du mal à se représenter. Lorsque je les ai quittés, la terre était recouverte de bonshommes en tout genre. Comment oublier également ce petit garçon sourd et muet, au Niger, qui a dessiné un avion sur ma feuille de papier noir ? Lorsque j'ai demandé à l'adulte qui l'accompagnait de me donner le prénom de l'enfant afin de l'inscrire au verso du dessin, il m'a répondu qu'il n'en avait pas. C'est une chose courante en Afrique de l'Ouest que de ne pas estimer nécessaire de nommer les enfants sourds-muets – quand, pis encore, on ne les appelle pas « *korma* », ce qui signifie « imbécile »… Cependant, comme j'étais accompagné d'une ONG, dont une des missions est de construire des écoles là où il n'y en a pas, cet enfant a depuis un prénom.

Je me rappelle aussi m'être aperçu, chez les Masaïs, que les filles étaient très peu scolarisées parce que, lorsqu'elles ont 8 ans, on les marie avec des adultes. J'ai alors imposé la parité dans ma démarche, qui a pris peu à peu une tout autre signification.

Voilà comment un modeste projet né dans une école maternelle parisienne a dépassé tout ce que j'aurais pu imaginer. Car même si cette démarche a permis de faire certains constats et sans doute donné des idées à d'autres, prétendre que j'ai fait cela avant tout pour les enfants et les adultes du monde entier serait démagogique. Sincèrement et égoïstement, cela me permet d'être plus en accord avec moi-même. Pour être en lien avec les autres, n'est-il pas mieux d'être déjà en lien avec soi-même ? En voulant passer un peu de temps auprès de ma fille pour la voir grandir, j'ai, grâce à elle, rencontré d'autres enfants, d'autres cultures, d'autres repères… Si je peux partager un peu cette expérience, tant mieux ! Parfois, grâce aux réseaux sociaux, un enfant me retrouve à l'autre bout du monde et m'envoie une photo que j'avais faite de lui il y a une dizaine d'années. J'avais juste ouvert « une porte » ou « une fenêtre ». Je suis heureux qu'il ne l'ait pas totalement refermée.

« Pour être en lien avec les autres, n'est-il pas mieux d'être déjà en lien avec soi-même ? En voulant passer un peu de temps auprès de ma fille pour la voir grandir, j'ai, grâce à elle, rencontré d'autres enfants, d'autres cultures, d'autres repères… »

Ralentir pour favoriser le lien

Francis Simonpietri

Né en 1952 à Marseille, Francis Simonpietri se montre dès le plus jeune âge un observateur passionné et un amoureux de la photographie. C'est sans doute ce qui l'a amené, après dix ans d'expérience en tant que manager d'équipes commerciales, à se tourner vers les autres. Acteur des ressources humaines durant quatorze ans, il pratique désormais le coaching individuel et anime des groupes de codéveloppement. Expert du management de proximité, il exerce en tant que consultant indépendant depuis septembre 2013 au sein de sa société Slowin Conseil.

www.slowin-conseil.com
« Ralentir pour une performance durable »

***Francis Simonpietri** occupe une place particulière dans ce livre, à plusieurs titres. Nous nous sommes connus en 2007 à la Fnac où il a gravi les échelons. Depuis la photographie – qui était et demeure sa passion – jusqu'à la formation et le coaching des managers. Quelques années plus tard, nous nous sommes retrouvés sur le chemin de la création entrepreneuriale en tant que coachs, et nous*

nous sommes toujours beaucoup apporté mutuellement et soutenus. Depuis des années, Francis vit avec une sclérose latérale primitive[13]*, qui lui cause une difficulté croissante pour se mouvoir, se déplacer et parfois même parler. Cependant, le lien qu'il entretient avec sa maladie, avec son corps, avec les autres, lui donne un regard unique et lui permet d'intervenir dans des postures d'accompagnement de managers là où d'autres ne le pourraient pas. Dans son récit de vie et son rapport à sa maladie, il transmet une grande force, un pouvoir de résilience. Francis sait à quel point le lien est vital. Il en a une conscience d'autant plus aiguë qu'il doit redoubler d'efforts pour le maintenir à mesure que la maladie le distend, le raidit. Tout l'enjeu, dans cette évolution de la maladie, est de prendre soin de ce lien avec lui-même et avec les autres…*

J'ai 66 ans. Mon parcours professionnel, relativement cohérent, a toujours suivi un même fil conducteur : la transmission. J'aime transmettre ce que je sais, ce que je pense, ce que je ressens… J'ai commencé à travailler à l'âge de 20 ans, dans le secteur de la banque ; de 1978 à 1988, j'ai été vendeur chez Darty, puis à la Fnac, apportant mes connaissances auprès de la clientèle, expliquant à mes collègues vendeurs les bonnes pratiques… Ensuite, de 1988 à 1999, j'ai été manager d'équipes commerciales puis, jusqu'en 2012, coordinateur en formation et développement RH, toujours à la Fnac.

En 2013, j'ai fondé ma société Slowin Conseil, où j'exerce en tant que coach et facilitateur en codéveloppement, dédié à l'accompagnement des managers, et dont le slogan est *« Ralentir pour une performance durable »*. Globalement, je développe des prestations pragmatiques et sur mesure de coaching individuel, de codéveloppement et de mentorat. L'essentiel pour moi, c'est

13. Maladie orpheline dégénérative apparentée à la maladie de Charcot mais, contrairement à celle-ci, non mortelle.

le lien par l'observation, j'ai acquis cette manière de faire grâce à la pratique de la photographie.

Depuis près de vingt ans, je vis en compagnie d'une sclérose latérale primitive, une maladie neurologique qui atteint les muscles de la diction ainsi que les membres inférieurs et entraîne chez moi une lenteur à la marche ainsi qu'à l'élocution. Souvent, les patients disent qu'ils *luttent contre* la maladie. Je crois au contraire qu'il faut faire *alliance avec* cette nouvelle venue. « Faire alliance » est d'ailleurs un terme utilisé en coaching. Au-delà du désagrément causé, ce handicap présente « l'avantage » de me protéger du monde actuel, fait de tellement d'incertitudes, de complexité et de vitesse. C'est l'occasion également de vivre un chemin de résilience.

Poser le cadre

Pour moi, la photographie a un rapport direct avec le lien. Photographier, c'est mettre en scène dans un cadre. Lorsque j'accompagne une personne, je « pose le cadre », dans notre jargon nous appelons cette étape le « contrat ». En coaching, l'enjeu est précisément de prêter attention à ne pas emprisonner l'autre dans ce cadre. Le cadre permet la liberté. Il s'agit de se plonger dans l'inconnu, avec l'espoir et la volonté de voir émerger quelque chose de nouveau. Nouveauté pour la personne accompagnée, mais également pour moi. Les histoires de vie sont toutes différentes, rien ne se répète. C'est passionnant de partir à la découverte de ce que l'on ne connaît pas. Découvrir l'inconnu, c'est tout l'esprit d'un coaching réussi.

Faire alliance avec la maladie

Cette maladie s'est déclarée il y a une vingtaine d'années et progresse doucement. Les médecins ont mis plus de cinq ans avant de poser le diagnostic définitif, des années que j'ai vécues dans l'incertitude, allant de spécialiste en spécialiste. Comprendre que la médecine ne savait pas, comprendre que les médecins n'avaient pas de traitement pour me guérir, admettre que le désarroi du corps médical pouvait parfois prendre des formes désagréables a été un chemin difficile. Accepter que la maladie ne serait pas guérie, qu'elle resterait là, présente… Je ne me plains pas, bien sûr, mais malheureusement, cette absence de traitement est le lot commun de beaucoup de maladies neurologiques.

J'ai donc dû rassembler mes forces et trouver mes propres solutions. Là encore, c'est une expression utilisée en coaching. Dans mon « infortune », j'ai la chance de vivre avec une difficulté dérivée de la maladie de Charcot (qui est mortelle quelques années seulement après s'être déclarée). J'ai d'ailleurs eu récemment l'occasion de faire un séjour dans un hôpital spécialisé dans cette maladie. Être en lien avec des personnes qui savent que la maladie va inéluctablement les emporter est une épreuve exigeante, qui remet les neurones en place. Dans ces échanges, il n'y a pas la place pour les mondanités, en quelques secondes, on parle de choses essentielles. Le temps qui passe est trop précieux, au-delà même de l'urgence. J'ai l'habitude de dire que je me sens, paradoxalement, plus fort aujourd'hui qu'avant la maladie.

La maladie me fait vivre de vrais moments de bienveillance. Souvent, des personnes me proposent leur aide pour m'aider à traverser la rue, me tenir une porte… Ce sont toujours des instants d'attention sincère, de sourire et, pour employer un mot désuet, de « bonté ». Sans la présence visible du handicap, ces moments n'existeraient pas. Pour moi qui fais le métier d'aider et d'accompagner les autres, ces instants sont d'une grande qualité. Revers de la médaille, cependant, le handicap isole du monde et renvoie à la solitude de tout un chacun. D'une certaine façon, il est « utile » de s'y confronter, mais, en même temps, il faut redoubler de vigilance pour rester en lien avec les autres. C'est une des raisons qui m'ont poussé à conserver mon activité professionnelle malgré les contraintes inhérentes à la maladie. Et à faire non pas *comme si de rien n'était*, mais au contraire à me confronter au monde avec mes nouvelles contraintes. J'ai parcouru le chemin décrit par le Dr Kübler-Ross concernant la fin de vie. Le concept est parfois évoqué à tort et à travers, néanmoins, aller du déni à l'acceptation a été pour moi émotionnellement éprouvant, mais d'une richesse réelle. Le coach utilise un certain nombre d'outils appris lors de sa formation, mais *in fine*, son principal outil, c'est lui-même. Et avoir vécu et surmonté un événement fort comme la disparition d'un être cher, une séparation ou une maladie est nécessaire à un parcours de coach.

Développer le lien dans la hiérarchie

Cette conviction est issue de mon parcours professionnel et de mes lectures. Je me reconnais dans cette phrase de Christophe André : *« Je me sens fort dans la vitesse et heureux dans la lenteur. C'est pourquoi je préfère la lenteur. »*

Pendant dix ans, j'ai managé des équipes commerciales. Puis, pendant quatorze ans, en tant qu'acteur RH, j'ai élaboré et piloté des programmes de formation de managers et d'équipes de vente où j'ai conduit différents projets, dont des programmes d'e-learning, le droit individuel à la formation (DIF)… En 2007, j'ai suivi une formation de coach qui m'a permis d'être certifié par l'Académie du coaching. J'ai été également accrédité par Team Management Systems. Je suis certifié en tant que facilitateur en codéveloppement managérial. Aujourd'hui, en tant qu'expert en management de proximité, je suis formé à la théorie organisationnelle de Berne et à la Process Communication. En fait, je me suis toujours intéressé à cette question du lien au sein d'une hiérarchie professionnelle, et plus précisément en matière de management…

Pour aider les managers à développer le « lien » avec leur équipe, il me paraît utile de commencer par revisiter leur rôle. Quel est aujourd'hui le rôle du manager ? Il est sur tous les fronts, il doit être performant tout le temps et partout. Infaillible en théorie ! Si la première mission d'un manager est d'animer une équipe d'hommes et de femmes, beaucoup d'obstacles se dressent devant lui pour tenir ce rôle. L'avalanche des messages à traiter et les contradictions nombreuses viennent perturber le lien avec son équipe. Ainsi, pour définir sa fonction, on parle de « leadership », de capacité à entraîner et à faire adhérer. Ce que je résume sous les termes d'« impact managérial ». C'est pourquoi je propose des actions courtes et répétées dans le temps afin que le manager soit plus présent sur le terrain et plus en lien avec son équipe pour construire des solutions pérennes. Dans cet esprit, je développe trois types d'actions : le coaching managérial individuel, le codéveloppement et le mentorat.

Coaching managérial individuel

Je retiens, comme définition de mon activité, celle que propose la Société française de coaching : *« Le coaching professionnel est l'accompagnement de personnes pour le développement de leurs potentiels et de leurs savoir-faire dans le cadre d'objectifs professionnels. »* En tant que coach, je mets en avant plusieurs valeurs – déontologie et confidentialité la plus stricte, disponibilité réelle, bienveillance, exigence, humour… – au service des résultats à atteindre.

Les managers étant sur-sollicités en permanence, ils ont de réelles difficultés à répondre aux attentes souvent contradictoires de leurs clients, de l'équipe et, bien évidemment, de leur direction. Ainsi, le coaching individuel leur est utile afin de faire le point sur leurs performances autant que sur leurs manières d'être et de faire. Face à une problématique formulée, j'essaie de les amener à élaborer eux-mêmes leurs propres solutions.

Je propose ainsi deux types de coaching. D'un côté, le coaching de développement, qui facilite la prise de poste d'un nouveau manager, soutient sa montée en puissance et l'accompagne dans la conduite de projet. De l'autre, le coaching de résolution, plus pragmatique et opérationnel, dont le processus global se décline en trois temps : diagnostiquer les enjeux et la problématique individuelle; identifier et renforcer des points forts; travailler la problématique et les points perfectibles. En tant que coach, mon objectif est d'être en lien avec le manager afin de l'amener lui-même à être en lien avec son équipe. C'est l'axe permanent de mon activité.

Le codéveloppement

Depuis 2013, je suis accrédité par le Centre européen du codéveloppement (Cecodev). Je propose à l'entreprise cliente de mettre en place des « communautés managériales », basées sur le codéveloppement. De quoi s'agit-il exactement ? Le codéveloppement est un outil opérationnel pragmatique, qui vise à mettre ses compétences en commun et apprendre des expériences professionnelles de ses collègues. Ainsi, les liens générés entre des personnes aux problématiques communes renforcent l'esprit collaboratif.

Et à partir de problématiques réelles, issues du terrain, le processus permet à chacun de s'impliquer, de réfléchir activement sur sa pratique et de faire évoluer ses propres stratégies. Je pense que l'on ne se forme plus uniquement à partir d'un savoir qui descend, mais à partir d'une collaboration active avec ses pairs. Contrairement à ce qui se passe dans la formation « classique », en codéveloppement, tout le savoir et l'apprentissage viennent du groupe et des liens entre chacun de ses membres. En général, un groupe réunit six à huit managers ou chefs de projet de même niveau hiérarchique. Chaque séance dure trois heures, pendant lesquelles, à tour de rôle, chaque membre adopte la posture du client manager qui présente sa problématique, tandis que les autres se mettent à son service en tant que conseillers. Dans mon rôle de consultant facilitateur, j'accompagne toutes les étapes jusqu'au débriefing, en restant attentif à ce que chaque membre apporte au groupe le « meilleur ». Véritable travail de lien en mode collaboratif, le codéveloppement consiste à construire collectivement, en petits groupes, des solutions pérennes relatives à des problématiques identifiées.

Le mentorat

En situation d'urgence cependant, le coaching ou le codéveloppement ne sont pas les méthodes les mieux adaptées à la résolution de certaines problématiques. Certains managers souhaitent s'engager dans des actions de développement plus rapides et pragmatiques. Le mentorat est ainsi une solution permettant, entre autres, d'assurer la transmission, le lien du savoir-faire.

Grâce à ma double expérience de manager et d'acteur RH, je peux accompagner un manager, tel un mentor, et l'aider à résoudre sa problématique en trois ou quatre séances. Le mentorat agit comme un catalyseur et aide à éclairer le projet sous un angle nouveau, sous le signe du pragmatisme et de l'efficacité opérationnelle. Pour tous les échanges, je privilégie une dynamique interactive et constructive, et bien sûr en feedback permanent. Si le mentorat répond à des problématiques ciblées, il ne remplace toutefois pas le coaching, qui vise un changement approfondi avec une véritable prise de recul. Globalement, pour toutes mes pratiques, je m'inscris dans la logique du *slow management.*

Slow management

L'idée, c'est de « ralentir pour une performance durable ». Dans les années 1980, où l'injonction en vigueur dans le monde du travail était *« soyez dynamiques! »*, on s'accordait à dire que le dynamisme était la qualité n° 1 d'un manager. Mais si la vitesse d'exécution est effectivement indispensable, elle ne doit pas être l'alpha et l'oméga de la pratique managériale. Je pense que cela pose un réel problème par rapport au lien entre tous les collaborateurs en entreprise. La mission du manager est certes d'atteindre les résultats attendus, mais il la réalise avec une équipe de femmes et d'hommes qui sont eux-mêmes en lien. L'injonction de vitesse a ainsi vite fait de se traduire en une pression managériale, dont on connaît les conséquences plus ou moins graves, parfois dramatiques.

Alors, comment concilier efficacité, rentabilité, bien-être et lien entre les collaborateurs? Une réponse : le *slow management.* Fondé, en premier lieu, sur la valorisation des personnes au sein de l'entreprise, il donne la possibilité à chacun de s'exprimer et de coopérer, et ainsi de créer du lien… Il ne s'agit surtout pas d'un management lent, mais d'un management raisonné, voire raisonnable, ce qui le rend d'autant plus efficace. Ainsi, comme prérequis au *slow management,* je conseille tout d'abord au manager d'être présent sur le terrain, de se montrer et d'être visible, d'occuper sa place au centre de l'équipe, *d'écouter* ses collaborateurs… D'écouter tous les signaux et de faire passer simplement ses messages ; en somme, de renforcer le lien. Pour résumer, il s'agit de simplifier et d'alléger dès que possible sa manière de communiquer et d'agir, afin d'être toujours en lien ! Et puis il y a la pratique au quotidien : quand les choses se font dans la lenteur, nous sommes plus en lien avec le temps qui passe. Pour ma part, je vois mieux, j'entends plus de sons et je comprends mieux, en toute modestie, le monde. Un joli bénéfice…

Concrètement, c'est par la prise de recul et l'auto-débriefing au quotidien que j'amène les managers à ralentir. Je pense en effet que ces deux formes de retour sur la pratique managériale, qui ne se limite pas à la transmission d'informations correctives, sont essentielles. Contrairement à Sisyphe, qui pousse éternellement son rocher, le manager doit sans cesse avancer et évoluer à la poursuite de ses objectifs opérationnels !

Et ces deux propositions sont d'autant plus utiles à mettre en œuvre au quotidien qu'aujourd'hui, la « crise » sous toutes ses formes est omniprésente dans les faits et dans les têtes. Dans un monde incertain et déstabilisant, les collaborateurs ont d'autant plus besoin que le manager incarne un minimum de certitudes dans le respect du lien. Si les managers disent : *« Nous n'avons pas le temps ! »* parce qu'ils sont surchargés, la performance réelle de leur unité n'est pas dans la qualité de leur reporting hebdomadaire, mais bien dans leur capacité à occuper leur « territoire managérial ». Pour ce faire, une véritable présence physique et symbolique est indispensable. Le lien auprès de leur équipe ! Aujourd'hui, dans un monde sous l'emprise de la vitesse, des moments de ralentissement sont d'autant plus nécessaires que l'incertitude est réelle.

J'ajouterai une note personnelle, liée à mon handicap. Quand les managers me voient marcher et parler lentement, ils se trouvent contraints de réduire, eux aussi, leur allure. Et j'espère qu'ils apprécient cette contrainte…

Accompagner l'incertitude

Aujourd'hui, le monde n'est plus du tout linéaire, ni prévisible, comme en témoignent certains événements récents, du Brexit à la campagne électorale présidentielle française, en passant par l'élection de Donald Trump… Certaines personnes qualifient notre monde de « *VUCA* », comme volatile, incertain (*uncertain* en anglais), complexe et ambigu. Inventé dans les années 1990 par les militaires américains, cet acronyme caractérise aujourd'hui le chemin à partir duquel les managers peuvent orienter leurs actions. En octobre 2016, l'ancien président de la Banque centrale européenne, Jean-Claude Trichet, parlait en ces termes : *« L'incertitude, c'est l'ennemi de toute décision économique, et sortir le plus rapidement possible de l'incertitude, c'est une bonne chose ! »* Alors, comment agir dans ce maelström de vitesse ? Comment faire face à l'incertitude ? Comment faire pour que la nostalgie, le « c'était mieux avant » ne freine pas toute volonté de changement ? Aller au-devant de l'incertitude, tel est le quotidien du manager ! Admettre de ne pas être dans le contrôle permanent, choisir ses points prioritaires de vigilance et laisser faire cette part d'inconnu ! Au moment présent, il s'agit de construire des « îlots de certitude ». Comme le futur est hors de portée, pourquoi ne pas bâtir dans « l'ici et maintenant » ? En réalité, ne pas savoir est une force ! Afin de faire face à l'imprévisible, je conseille aux managers de ralentir, de se poser pour se reconnecter avec eux-mêmes et avec les autres… Ralentir permet d'avoir une performance d'autant plus durable. Et l'incertitude peut bien attendre !

J'espère, de la sorte, contribuer à ce que les personnes appréhendent mieux ce qui arrive jour après jour. Je ne me sens investi d'aucune mission sur Terre, quelle qu'elle soit. Néanmoins, je pense vraiment que le bien-être professionnel des salariés est un important levier de performance pour toutes les entreprises responsables. Ainsi, dans le monde du management, je souhaite contribuer à aider les managers à élaborer leur plan d'action et à construire des solutions opérationnelles pertinentes dans un cadre formalisé qui ouvre au groupe une certaine liberté. Cela rejoint la question de l'importance du cadre. Dans la pratique de ce métier, j'espère contribuer à ce que la vitesse et l'incertitude actuelles soient mieux appréhendées. Si nous n'y sommes pas attentifs, celles-ci nous coupent des connexions humaines et surtout de ce lien que j'espère contribuer à développer.

Un rêve

L'idée que chacun puisse explorer et exprimer son potentiel me semble un rêve pour l'humanité ! À titre personnel, la dictature du diplôme et la notion d'héritage, au sens pécuniaire, qui permet la perpétuation d'une classe sociale, sont des idées qui me révoltent. À l'inverse, je voudrais que chacun ait la possibilité d'exprimer son potentiel, y compris et surtout celles et ceux qui sont laissés pour compte. Je voudrais que revienne la notion de métier, de contenu, de savoir-faire. Naguère, l'artisan apprenait, avec noblesse, à fabriquer des objets, et je pense que cela doit être valorisé à nouveau.

Dans vingt ans, il y aura beaucoup de nouveaux métiers, mais nous ne les connaissons pas encore. La digitalisation, c'est le Canada Dry de la relation : ça a le goût de la relation, ça a l'odeur du lien, mais ce n'est pas le lien ! Ce n'est pas parce que l'on met les personnes en réseau numérique que c'est du lien.

La technologie ne doit pas prendre le pas sur la notion de lien et de relation, je souhaite que le lien réel se rétablisse, et de plus en plus… Le lien, c'est d'abord se voir en face à face, sentir le grain de la voix, laisser les visages s'exprimer. Être en lien, c'est être présent à soi et aux autres. Et la présence est d'abord physique, tandis que le lien des écrans est tout autre. Aujourd'hui, une personne sur deux marche en regardant son téléphone : c'est autant de lien en moins. On échange virtuellement, mais quelle est la véritable qualité du lien, la qualité des échanges, des regards, des sourires ? Les machines ne doivent pas nous dicter leur loi.

Une invitation à retrouver ces liens qui nous révèlent ?

Je pense à un livre de John Maeda, graphiste américain, paru il y a une dizaine d'années, qui a pour titre *De la simplicité*. C'est un excellent petit livre qui nous propose dix pistes pour nous simplifier la vie. Je suis persuadé que la recherche de la simplicité est un gage de renforcement du lien… En outre, il y a une phrase d'Antonin Artaud que je porte en moi depuis toujours : *« J'ai pour me guérir du jugement des autres, toute la distance qui me sépare de moi. »* J'y vois simplement l'humilité à se dire que jusqu'au dernier moment, s'il y a quelque chose à apprendre de soi, c'est de savoir être en lien avec soi-même et bien sûr avec les « autres ». Enfin, je pense à ma compagne qui a vécu avec moi, un an après notre rencontre, l'arrivée de ma maladie. Vingt ans plus tard, elle est toujours là, avec moi. Une belle illustration du lien…

*« S'il y a quelque chose
à apprendre de soi, c'est de savoir
être en lien avec soi-même
et bien sûr avec les autres. »*

Être passeur de liens. Les transmettre.

Serge Papin

Né en 1955 en Vendée, Serge Papin découvre l'univers du commerce dès le plus jeune âge dans l'épicerie tenue par son père. Cet autodidacte a exercé durant plus de quarante ans dans la même coopérative de commerçants de grande distribution française, Système U, dont il est devenu en 2005, à la suite de Jean-Claude Jaunait, le deuxième président-directeur général. Il a quitté ses fonctions en 2018.

Ses prises de position et ses actions en faveur du développement durable, du respect de la chaîne de production, des produits sains et locaux, font de lui une personnalité reconnue.

L'écriture, son autre passion, l'a amené à publier plusieurs livres : *Et maintenant, on fait quoi ? Regards d'un entrepreneur* (Le Cherche midi, 2014) ; *Pour un nouveau pacte alimentaire* (Le Cherche midi, 2012). Il est également coauteur, avec Jean-Marie Pelt, de *Consommer moins, consommer mieux* (Autrement, 2009).

***Serge Papin** est mon compagnon, et son soutien est « essence-ciel » pour moi. Bien sûr, il n'était pas évident qu'il témoigne ici, mais il s'est prêté au jeu et même au-delà malgré ses réticences au départ. À l'époque où j'ai réalisé son interview, il était encore président de l'enseigne coopérative Système U, groupe dont il a gravi plusieurs échelons durant quarante-trois ans après avoir été bercé par l'exercice du commerce de son père qui tenait un magasin Unico, l'enseigne d'origine du groupe Système U. Dans ce modèle coopératif où tout est possible pour qui a envie, sa carrière est aussi et surtout une histoire de lien : au-delà des diplômes, ce sont les personnalités et les rencontres qui permettent d'avancer. Dans son parcours, Serge a été amené à évoluer sur des enjeux d'intérêt général, sensible aux questions de santé et d'environnement, très intuitif sur l'évolution de la société, il a développé toutes ces dimensions et fait évoluer les états d'esprit pour une consommation plus responsable. Il a également été contributeur au travers des États généraux de l'alimentation pour réconcilier les filières avec un meilleur partage de la valeur (production, transformation, distribution et consommation). Porteur de valeurs solidaires, collaboratives, innovantes, expert, créatif, il conseille désormais des réseaux coopératifs et des entreprises dans leur projet de transformation. Serge est une personnalité inspirante, son parcours d'autodidacte intuitif lui a permis de développer un sens critique et d'exprimer sa créativité. Son expérience des liens a clairement orienté et structuré sa construction personnelle.*

De 2005 à 2018, j'ai exercé les fonctions de président-directeur général de Système U, groupement coopératif de commerçants indépendants. Ce qui caractérise l'entreprise, c'est ce lien très collaboratif, différent de celui d'une entreprise capitaliste normative. Pour la petite histoire, Système U est né en 1894 à une époque de crise. Après avoir entendu, dans son homélie, un prêtre déclarer « l'association sera une nécessité de l'avenir », Auguste Juhel, un épicier de la région Sud Bretagne qui voyait son avenir professionnel en noir, s'est inspiré de cette idée pour créer une coopérative qu'il a baptisée Le Pain quotidien. Cinq commerçants de l'époque ont alors décidé de mettre des moyens en commun pour obtenir de meilleurs prix. Transposé dans le monde moderne, cela signifie conjuguer des outils, des moyens collectifs, de la logistique, de l'informatique, des achats… Conserver l'indépendance de l'entreprise familiale tout en l'associant au bien commun. La coopérative est un groupement de moyens, dont le fonctionnement est assuré par les membres qui s'appuient sur une structure de collaborateurs permanents. Ainsi, la gouvernance correspond parfaitement bien aux besoins de tous les adhérents, puisque ce sont eux qui décident. Comme en 1894 !

L'enfance

Comme l'écrivait René Char : *« Tout ce qui nous aidera plus tard à nous dégager de nos déconvenues s'assemble autour de nos premiers pas »*. J'ai la conviction que tout se construit dans l'enfance. Mes parents travaillaient dans une épicerie et leur vie professionnelle se confondait avec leur vie personnelle. Jamais je n'aurais voulu faire cela ! Je trouvais cette activité bien trop prenante et j'en voulais à leurs horaires infernaux de m'obliger à passer du temps hors de chez moi. En 1968, lorsque je suis entré au pensionnat chez les frères, en sixième, cela a été désastreux ! Alors que le mouvement de mai 1968 incarnait la liberté, moi, on m'enfermait dans un cadre drastiquement carcéral. J'avais le sentiment de ne jamais être au bon endroit. Ce sentiment de décalage a accentué mon côté « rebelle ». Comme les liens teintés de discipline archaïque ne me convenaient pas, j'ai fui !

Dès lors, durant une bonne partie de ma vie, mon défi a été de conjuguer liberté, indépendance, vie sociale, vie conjugale et vie familiale. Et quel défi ! À l'adolescence, je me suis réfugié dans les livres de Camus, Sartre, Proust, Frédéric Dard… En fait, j'ai toujours été « instable », et c'est cette instabilité qui m'a fait avancer, car elle provoque le mouvement. Jean-Claude Jaunait, mon président, que j'ai accompagné pendant trente ans, disait souvent : *« Serge, à quoi lui sert une chaise ? À se lever ! »*

C'est d'ailleurs lui, plus que mon père, qui m'a décidé à me lancer dans l'aventure du commerce. Notre rencontre a été décisive et il m'a embarqué dans son sillage, car il donnait à ce métier, qui n'était pas ma tasse de thé, une dimension citoyenne qui résonnait profondément en moi. Pour Jean-Claude Jaunait, l'aventure collective a toujours plus compté que le nombre de boîtes de conserve vendues ! Et d'emblée, cela m'a plu, car c'est un modèle qui incarne la promotion sociale, un ascenseur social qui n'existe nulle part ailleurs… Si j'avais travaillé pour une entreprise conventionnelle, jamais je n'en aurais été président, puisque je n'ai pas fait d'études particulières. D'ailleurs, nombreux sont les collaborateurs de Système U à avoir émergé par leur propre volonté, leur travail et la qualité du lien qu'ils ont su nourrir au sein de l'organisation humaine. Ce modèle de « coopérative », qui incarne à la fois une communauté porteuse d'un sens solidaire, qui se traduit dans le partage des valeurs associatives, est un formidable outil de promotion sociale.

Mon « idéal », c'était la liberté, une indépendance parfois poussée à des limites qui m'amenaient à désobéir. Paradoxalement, le corollaire de la liberté, c'est la responsabilité. Pour moi, cela va de pair : l'un explique l'autre. Dans la vie, les choses n'arrivent pas par hasard. Comme je savais que je cherchais « l'indépendance », j'ai choisi le concept d'un regroupement de commerçants indépendants, qui conjugue ce paradoxe : indépendance et association. À travers les liens, c'est bien l'addition de choses qui paraissent antinomiques et qui néanmoins constituent un élément positif. Liberté, responsabilité ne sont pas antinomiques ! Même dans un corps, bons et mauvais microbes vivent en lien dans une dimension systémique. Ils s'annihilent ! Lorsque l'un prend le pas sur l'autre, on tombe malade. La dimension systémique du lien, ce sont des éléments indépendants les uns des autres qui concourent à former un ensemble.

Des valeurs collectives

Dans la marque U, j'ai voulu mettre du local, du développement durable, de la valeur sociétale ajoutée, du respect de la santé… Bref, du sens, de l'intérêt général. Autant d'éléments qui partent de convictions en créant des liens au sein d'une filière : un paysan qui récolte, un fournisseur qui transforme et nous-mêmes qui commercialisons. J'ai toujours cherché à incarner ces valeurs collectives, ces liens, d'une façon traditionnelle à travers tous les produits que nous proposons. Si le boulanger qui sert lui-même la baguette dit qu'il l'a faite cette nuit, c'est du lien ! De même, la personne qui pousse le caddie est plus importante que le caddie qu'elle pousse : c'est le lien à la personne qui compte ! Il y a trois personnes en une : le consommateur (*le produit que je veux*), le client (*le magasin où je vais*) et le citoyen (*le pays où je vis*). Lorsqu'un client se rend dans un magasin, s'il voit le boucher, celui-ci incarne le lien ; si la caissière lui sourit, c'est aussi du lien, de même que s'impliquer dans le pays, parrainer l'équipe de foot locale, aider l'école… À titre personnel, j'espère contribuer le plus possible à développer ce lien humain.

J'aime transmettre l'idée que l'on fait un travail porteur de valeurs, fondé sur des engagements. Ce qui m'intéresse le plus, c'est le récit de l'aventure humaine. Avec Internet, la société se désincarne, se dématérialise de plus en plus. L'omniprésence des écrans pousse les personnes à nourrir une forme d'individualité, à se désapproprier l'espace. De même, l'urbanisation à outrance de la France change la donne et crée un désordre politique, avec, d'un côté, les grandes métropoles qui structurent le pays, et, de l'autre, ses « oubliés », les petites villes, là où naguère se tissaient les solidarités autour de la ruralité, d'un jardin partagé... Cependant, paradoxalement, plus cette société se désincarne, s'individualise, plus elle est en demande de lien.

Comme dans la nature elle-même, les liens changent ; dès lors, ne faut-il pas nous-mêmes complètement réinventer nos propres liens ? On voit bien que la France est en rupture de liens entre ses villes et ses campagnes, entre ses générations, entre les plus hauts et les plus bas revenus. La transformation des liens d'autrefois crée naturellement des clivages. Cependant, comme dans toute société qui va mal, on sent bien arriver les émergences constructives – de Christophe André, qui pointe la nécessité de déconnecter, de ralentir, d'être monotâche, à Pierre Rabhi qui, dans son livre *Vers la sobriété heureuse*, évoque l'holacratie.

Au-delà des mises en garde des lanceurs d'alerte, ne sommes-nous pas nous-mêmes très lucides sur les dégâts générés par la façon dont on vit, dont on mange, dont on utilise le téléphone portable ? Dans le domaine de l'agriculture, par exemple, l'expérience des fermes d'avenir de Maxime de Rostolan montre bien qu'il est possible de créer des centaines de fermes autour des villes, sur quatre ou cinq hectares de maraîchages bio, avec trois ou quatre personnes par mini-ferme, et de concevoir ainsi l'approvisionnement des villes en circuit court.

Alors qu'un nouveau monde est en train d'émerger, avec de nouveaux liens, la vraie difficulté réside dans la transition. L'un des défis pour le gouvernement actuel sera de réduire la fracture territoriale. Il y a ainsi aujourd'hui une grande injustice, suivant que vous habitez à Puteaux, par exemple, qui bénéficie de tout l'argent de la taxe professionnelle de La Défense, ou si vous résidez à Privas, dans l'Ardèche, où la mairie n'a plus de moyens. Voilà un vrai défi pour les liens nationaux.

Réconciliation par l'action

Au sein de mon entreprise, j'entends fréquemment dire qu'entre ma vision et la façon dont les adhérents de Système U fonctionnent, il n'y a pas de rapport direct de cause à effet. Néanmoins, je pense que si l'on veut détourner un avion, il faut être dedans. La plupart du temps, je préfère être dans l'action ! Et même si ce n'est pas toujours exactement comme je le voudrais, j'essaie au moins d'influer sur une situation pour qu'elle s'améliore. Il s'agit surtout de s'interroger, individuellement, sur ce que l'on peut faire. Personnellement, j'ai publié plusieurs ouvrages – *Et maintenant, on fait quoi ?*, *Consommer moins, consommer mieux*, en collaboration avec Jean-Marie Pelt, et *Pour un nouveau pacte alimentaire*. L'entreprise donne de la force, une aura que je n'aurais jamais eue tout seul et qui me permet d'ouvrir des fenêtres sur la société. Le monde ultralibéral capitaliste est certes dominé par les rapports de force, mais à mon échelle, j'essaie de contribuer à réconcilier ce qui peut l'être, à recréer du lien. Sur le plan pratique, pour mon métier, cela passe par les liens dans les filières alimentaires.

Je pense que cette réconciliation passe par un état d'esprit nouveau avec un dispositif législatif plus approprié. Je pense qu'il faut réfléchir sur notre projet de société, trouver une méthode et les compromis nécessaires pour la conduire vers des ambitions nouvelles. Ce qui fut ne sera plus ! Il faut que la société quitte l'ultralibéralisme et s'oriente vers une société réconciliée, vers plus de partage. À cet égard, j'apprécie particulièrement l'implication du pape François, qui va jusqu'à remettre en cause les modes de vie contemporains. Cette année, l'ensemble de la population a consommé en seulement sept mois toutes les ressources que la Terre peut produire en une année, alors que le déclin de la biodiversité planétaire s'accentue de jour en jour. Nous sommes dans un monde qui gaspille, vivant au détriment des autres, de la planète. Pour conjuguer bonheur et sobriété, qui vont de pair dans « le vivre ensemble », il sera indispensable, à un moment, d'instaurer des règles, qui elles-mêmes créent du lien.

Prenons l'exemple hautement symbolique du tri sélectif, auquel la plupart des gens se refusent. Ou bien la pollution aux particules fines, à Paris, dont les dégâts sont parfaitement connus, et qui nécessiterait que l'on interdise les voitures les jours de pic, une mesure d'intérêt général empêchée par la puissance des lobbies. Mais si l'on ne prend pas ces mesures évidentes, comment parviendra-t-on à se réconcilier avec la planète ?

Si la loi va a contrario des usages, on essaie de la contourner. C'est pour cela que, le plus souvent, les élus de l'Assemblée nationale ne sont là que pour traduire sur le plan législatif l'évolution de la société. Il s'agit de trouver de la résilience grâce à la loi et s'adapter au contexte. Néanmoins, il faudra bien à un moment anticiper les besoins de la population à venir avec un nouveau modèle législatif qui devra prendre sa source sur les terrains nouveaux. Comme dit le proverbe : *« La forêt qui pousse fait moins de bruit que l'arbre qui tombe ! »* Les nouvelles lois devraient être faites pour la forêt qui pousse.

Le lien qui libère

Plus que sa nature, je pense que c'est la qualité du lien qui compte. Mais qu'est-ce qu'un lien de qualité ? C'est un lien qui n'est pas antagoniste, qui vise à réconcilier, donc pas dans un rapport de force. La question est de s'extraire du lien d'emprise (toxique), pour aller vers le lien qui libère (épanouissant).

Si je prends l'exemple du secteur de l'éducation, comment créer des liens entre toutes les parties prenantes, parents, enseignants et enfants ? Au-delà de la nécessité de ramener du lien, n'est-ce pas à chacun de l'incarner ?

Dans le monde du travail, le système collaboratif décline le lien à tous les niveaux, mais le management, de plus en plus horizontal, rebat les cartes. Alors que les plus anciens travaillent encore dans une version pyramidale, les jeunes générations ont une demande de liens différente, très ouverte, plus transparente, plus horizontale, moins en silo. Ainsi, face à une culture du lien encore portée par le rapport de force, les changements sont à l'œuvre[14].

Mon rôle, à cet égard, est d'être là, de garantir le vivre ensemble. Je passe ainsi une grande partie de mon temps à essayer de convaincre plutôt que de contraindre. Et puisque le lien se nourrit de mots en direct – et non pas sur Twitter ou Facebook –, puisque le vivre ensemble ne peut s'incarner que par une présence réelle, par le lien du langage, je pars à la rencontre de mes collaborateurs. Cette communauté qui vit, qui va, c'est mille patronnes et patrons qui vivent ensemble, chacun ayant un rapport à la vie différent, un rapport à l'ego, à l'argent, au pouvoir différents. Finalement, un socle commun qui se retrouve dans toutes les valeurs de la

14. Citons à ce sujet le film *Demain*, les livres de Pierre Rabhi *La Convergence des consciences*, *Écologie et spiritualité*, et ceux de Jean-Marie Pelt *L'Homme renaturé* et *La Solidarité : chez les plantes, les animaux, les humains.*

communauté. Le lien ne signifie d'ailleurs pas l'uniformité des pensées, mais, concrètement, le partage d'une aventure commune. Personnellement, ma vie s'est depuis toujours construite autour des liens avec les uns, les autres. Les rencontres, les lectures ont forgé ce que je suis et m'ont mené là où je suis, et, aujourd'hui, j'essaie de transmettre, d'amener du lien, d'établir une véritable communication entre les uns et les autres dans la posture qui est la mienne.

Passeur

Aujourd'hui, après quarante-trois ans chez Système U, j'ai le sentiment d'aborder une seconde vie. C'est un vrai défi pour moi. Plus j'avance, plus j'ai le sentiment de ne faire que commencer. Tout le monde finit par se trouver plus ou moins, pour peu que la vie nous y autorise. Je commence à avoir le début du commencement de l'idée de ce que l'on fait ici-bas. Je passe du temps à rechercher les confirmations de mon intuition. C'est une enquête exaltante et qui n'aura jamais de fin.

Je pense que dans la vie, nous ne sommes modestement que des passeurs, avec ses enfants, sa famille, son métier aussi… Personnellement, j'aime bien l'idée de transmettre, puisque, finalement, nous ne sommes propriétaires de rien, ni de ses enfants ni de son conjoint. L'humilité permet de penser que l'on peut être en lien, sans que l'autre nous appartienne. On n'a à prendre pouvoir sur personne. Le père Michel-Marie Zanotti-Sorkine disait que *« l'attachement doit pouvoir se conjuguer avec la liberté »*. Je souscris à cette assertion. L'attachement et la liberté relèvent de l'« opérationnalité de l'amour » (si l'on peut utiliser ce mot à propos de l'amour).

Ainsi, je garde une retenue et une distance, qui peuvent parfois passer pour de l'indifférence, alors qu'elles n'en sont pas. À l'égard de mon fils et de mes filles, j'ai un immense respect. Je veux leur donner tous les « éléments » pour qu'à leur tour ils puissent être libres et indépendants, autonomes, responsables. Si je suis exigeant envers eux sur certains détails, c'est parce que j'ai une vision à long terme. Un homme, une femme, ça se construit !

J'éprouve d'ailleurs un intérêt particulier à l'égard des personnes très âgées, qui n'ont plus de rapport à l'ego, à l'argent, au pouvoir, et sont plus en prise avec la vraie vie, dans une totale bienveillance. Il me paraît très intéressant de mettre en relation la bienveillance des octogénaires et la souffrance, les questionnements des adolescents. Nous, nous sommes un peu « passerelles » entre les deux.

Quant à l'amour, dès lors que les expériences ont forgé une relation aux autres sans désir d'emprise, c'est bien en choix conscient et dans un plein discernement que se construit celui avec son compagnon ou sa compagne. L'amour est la quintessence du lien, une force de vie. Le lien du couple est un lien du cœur. C'est le lien le plus fort.

Lorsque l'on se sépare pour mieux se retrouver, on vit aussi une expérience de la présence et de l'attachement. En prenant la distance suffisante pour pouvoir s'observer, on peut même analyser son manque. Au-delà de l'émotion, j'ai compris que l'on peut être séparé et imprégné de la présence de l'autre. Et quand la présence peut redevenir une réalité, car la vie le permet, ainsi que les cheminements de chacun, elle ouvre des voies nouvelles qui peuvent conjuguer, dans l'instant qui incarne toute une vie, l'attachement qui est, l'histoire qui fut et l'amour qui se renouvelle à présent. Ce caractère non conformiste est ce qui fait la force, la grâce d'une telle histoire d'amour.

Un rêve

C'est à la fois un rêve et une certitude : les enfants du millénaire vont changer le monde dans le bon sens. Ils sont programmés pour sauver le monde.

Des livres

Il y en a beaucoup ! J'aimerais avant tout citer l'encyclique *Laudato si'*, du pape François, un texte un peu iconoclaste sur le lien, qui se réfère à cette idée de liberté et de responsabilité. Il est le seul qui ose dire qu'il faut changer les liens entre nous, qu'il faut plus de solidarité et que notre mode de vie très égoïste et extrémiste sur les capacités de la Terre doit être remis en cause.

Je pense aussi à *Voyage avec un âne dans les Cévennes*, de Robert Louis Stevenson, et *Cette éternelle nostalgie,* de Pierre Loti.

Il y a quelque temps, je tenais mon journal de bord, jour après jour. Cela m'a donné le loisir d'observer que, lorsqu'on écrit ses rêves et ce que l'on a vécu dans la journée, on s'aperçoit qu'il y a des « synchronicités », des liens qui se font. À ce sujet, je relis fréquemment Jung. Sans superstition aucune, les rêves peuvent venir confirmer ou infirmer quelque chose. Je suis persuadé que l'intuition est en rapport avec l'intelligence. On ne rencontre que les gens que l'on cherche à rencontrer. Il n'y a pas de hasard. Pour ceux qui croient en Dieu, il existe une dimension supérieure au niveau de l'Univers qui « raccorde » tous les gens entre eux. Un peu comme si nous étions des terminaux et qu'il existait un *cloud*. Teilhard de Chardin appelait cela la « noosphère », la sphère de l'esprit. J'y crois beaucoup. Les expériences de mort imminente (EMI) en témoignent. Je conseille à ce sujet la lecture du *Dictionnaire de l'impossible*, de Didier Van Cauwelaert. Mais ne serait-ce que dans la « raison raisonnante » dans le périmètre où l'on se trouve, il peut parfois y avoir des signes. « Qui a des yeux verra. »

« Ce qui m'intéresse le plus, c'est le récit de l'aventure humaine. »

Notre lumière naît de nos blessures

Wadih Choueiri

Né en 1969 au Liban, Wadih Choueiri est enseignant chercheur, spécialiste du développement personnel appliqué à l'univers de l'entreprise. Il intervient principalement auprès des managers et des dirigeants, sur des questions de responsabilité, d'autorité, de harcèlement et de burn out. Il contribue à l'émergence de nouveaux modes de coopération.

Il est auteur de *Retrouver le goût du travail* (Bourin Éditeur, 2016) et a contribué au *Livre d'or du coaching* (Éditions Eyrolles, 2013).

libresdetours.com

C'est René-David Hadjadj qui m'a présenté **Wadih Choueiri**. *Dès le début, ce livre était une histoire de tissage de liens ! Je me souviens très bien du moment de cette belle rencontre. Lors d'une réunion de bureau de la Z'Academy, l'école de coaching somatique fondée par Josette Lépine, j'écoutais son témoignage d'expérience qui a eu un effet déclencheur, celui d'une prise de conscience et d'une réflexion personnelle nouvelle. Je le savais très sensible à la question* *des parcours de vie, des blessures, de la résilience. De fait, il s'est lui-même construit en relation avec ses propres difficultés, son histoire d'enfant au Liban, aux prises avec la guerre, drame qu'il a évoqué au cours de notre échange. Scientifique de formation, Wadih est allé à la rencontre de son être profond, en expérimentant par lui-même, tel un chercheur, des pratiques diverses et variées qui lui ont permis d'acquérir des connaissances multiples en relations humaines. Son apprentissage de la « foi en soi » pour être véritablement en lien me semble très juste.*

Après avoir été diplômé en mathématiques et en sciences humaines, j'ai créé et dirigé différentes entreprises, dans les secteurs de la formation, de l'action sociale et du conseil. En 2009, avec Olivier Berthelot, j'ai lancé la société Libres Détours, ainsi que le blog identite-creatrice.com, dans le cadre de l'activité de « coaching stratégique » que j'exerce depuis vingt ans. Mon travail – essentiellement de l'accompagnement, de la formation et du conseil en RH – s'articule toujours autour du *lien* à l'autre sur le plan humain.

Soigner, guérir, à travers la présence de l'autre

J'accompagne des entreprises du monde de l'informatique, des biotechnologies, de la banque, de la finance… Essentiellement des dirigeants, mais aussi des responsables informatiques, des DRH, des directeurs juridiques ou des consultants… Alors que l'entreprise appelle un certain nombre de problématiques, de questions et d'objectifs, le coaching stratégique aide à atteindre ces derniers, mais aussi à soigner, à guérir, à travers la présence à l'autre. Comment se construire, soi, lorsque l'on construit une œuvre, un produit, un service, une entreprise ? Cela relève de l'action, au sens où l'on *fait* quelque chose avec l'autre : il s'agit d'*être* réellement dans la présence à l'autre, car c'est à mon sens le lien à l'autre qui agit, qui « soigne », qui est porteur de guérison.

Au cours du coaching, la personne a deux attitudes possibles face à ses interrogations : soit rester dans la difficulté, voire la souffrance, soit suivre un nouvel élan après avoir revisité les stratégies qui la font réussir et celles qui la font échouer. Elle va ainsi revivre ce qui « boucle » en elle et l'actualiser pour passer à autre chose. Telle une empreinte, qui a laissé des traces dans sa mémoire, dans son corps, elle pourra l'éprouver et la traverser.

S'il s'agit de s'attacher à ce qui circule plus qu'aux contenus, il me faut aller à la rencontre des apprentissages de l'autre, entrer en résonance avec son histoire, jusqu'à sa « pliure ». Car comme la personne a appris à mettre en scène un scénario récurrent qui lui a été utile, elle le déroule sans cesse à travers ses positions de vie, ses actes !

Se développer en lien avec son propre écosystème

Permettre à l'autre d'être « sujet » implique de le prendre en compte dans tout ce qu'il est, sans l'orienter, sans essayer de le réduire à quelque chose qui pourrait nous convenir. La clé pour y parvenir consiste à évaluer la bonne distance. C'est un exercice délicat, car les blessures, les fragilités de l'autre appellent les nôtres, de sorte que, lorsque nous nous relions, il nous devient semblable, mais dès lors que nous nous délions, il nous est étranger. Ainsi, en coaching, j'essaie de redonner aux personnes la possibilité de se développer en toute autonomie, en lien avec leurs propres écosystèmes, afin que leurs performances aient du sens. Globalement, pour maintenir une « juste » distance avec l'autre, il est nécessaire d'avoir pleinement conscience qu'il ou elle est une personne qui crée du lien et qui agit dans tous les systèmes : le sien, celui de sa famille, de l'équipe, de l'entreprise et de la cité…

Lien et contact appartenant au cercle du vivant, rien n'est plus naturel que de se relier, de se confronter ou de coopérer. Mais à un autre niveau, le mental peut analyser, fragmenter suivant son mode de captation du réel. Et l'intelligence peut nous emmener très loin de nos envies, très loin de l'autre, risquant d'oublier notre présence physique, émotionnelle, régénératrice… jusqu'à nous réduire complètement. Ainsi, un lien déficient peut aller jusqu'à se rompre – une situation qui peut être mortifère, comme le rappelle Françoise Dolto au sujet des jeunes enfants.

Comment le « juste » lien peut-il s'apprivoiser ? Comment l'excès de lien avec l'autre, de présence, de force dans le lien à l'autre peut-il devenir polluant, envahissant ? Où se situe le risque de phagocyter l'autre, et comment s'en prémunir ? En tant que coach, où est ma place sur cette ligne du lien ? Où la frontière se trouve-t-elle ? Personnellement, je pense que dès lors qu'il y a interdiction d'aller au-delà d'une limite, de faire ingérence chez l'autre, on peut dire entre les lignes (inter-diction), sans fusion-confusion.

Faire l'expérience du lien

Il y a de nombreuses années, alors que j'exerçais depuis dix ans en tant que coach, j'ai été amené à consulter une sophrologue pour des problèmes de sommeil. Arrivé à une certaine étape du processus, alors qu'elle me demandait d'exprimer mon ressenti, je me suis vu incapable de lui répondre, de dire, tout simplement, si j'avais chaud ou froid. Il m'a fallu ainsi admettre que j'étais complètement coupé de « mon lien », coupé de moi-même, depuis des années sans doute. Grâce à la sophrologie, j'ai pu me reconnecter, retrouver ce lien.

J'ai également suivi un cursus de gestalt-thérapie, une approche thérapeutique qui met en jeu la dynamique relationnelle. Après avoir beaucoup conceptualisé les choses, la gestalt a été une révélation ! Pour illustrer cette expérience, j'ai envie d'évoquer ce poème de Fernando Pessoa, « Bureau de tabac », où l'auteur nous entraîne dans l'établissement d'en face, où il voit un dénommé Estève : *« Il m'a vu, je l'ai vu et le monde s'est remis à tourner ! »* Pour moi, c'est l'histoire du lien ! Comment retrouve-t-on l'autre ? C'est ce que la gestalt m'a fait découvrir, la façon dont, dans un contexte difficile, il suffit d'aller voir et de « toucher » quelqu'un pour que les choses se remettent en place, comme dans le poème de Pessoa.

Parmi mes expériences marquantes en relation avec le lien, je citerai aussi l'enseignement que j'ai suivi auprès de Charles Rojzman, créateur de la thérapie sociale, fondée sur une psychothérapie du lien qui tend vers la réconciliation. Comment se soigner soi-même avec les autres ? Comment sortir du processus de victimisation ? Comment appeler la négociation, le débat, l'échange voire le conflit, plutôt que d'aller dans la violence ?

En faisant l'expérience de la thérapie sociale, j'ai fait directement le lien avec mon histoire personnelle, ouvrant les yeux sur un passé que j'avais occulté… Car mon histoire est celle d'un enfant né au Liban, qui a vécu la guerre, dans l'ignorance de ce qui allait se passer. Je me rappelle ma peur, un soir, alors qu'âgé de 6 ou 7 ans, je regardais « le feu d'artifice » – les bombes, les obus – depuis le septième étage de mon immeuble. Je me suis demandé quel pourrait bien être mon avenir, s'il y avait même un futur pour moi. C'est la raison pour laquelle, à l'adolescence, j'ai décidé de m'intéresser aux mathématiques, un « langage » que je pourrais parler partout, une « langue universelle ».

Il m'a cependant fallu plusieurs années pour comprendre que les mathématiques étaient ma structure protectrice, mon armature intellectuelle. Cela m'a d'ailleurs été très utile dans mes premières années de coaching, face à des scientifiques de haut vol. En réalité, cela m'a permis de vivre, de survivre, de trouver des repères, d'acquérir une grande précision. Si les choses arrivent, ici et maintenant, c'est parce que quelque chose les a précédées, et ma structure s'est construite comme cela, avec très peu de marge de manœuvre.

Le risque

Il est vrai qu'il y a un risque de prendre le « pouvoir » dans ce lien à l'autre, car les sciences, et notamment les mathématiques, la logique, peuvent faire autorité. Néanmoins, j'ai compris que la véritable autorité ne pouvait pas naître si le lien n'était pas en soubassement, si je n'étais pas relié à l'autre. Si l'autorité consiste simplement à édicter des règles, à les imposer à l'autre, ce n'est pas de l'autorité, mais de l'autoritarisme. Si cela ne vient pas s'altérer avec l'altérité, ne vient pas se transformer, si la loi de l'autre ne transforme pas la mienne et que ma loi ne touche pas la sienne, finalement, où est le lien ? L'autorité se nourrit en effet pleinement de la question du lien puisque, de fait, personne ne peut faire autorité sur l'histoire de l'autre, c'est accepter que même cette autorité puisse être remise en cause, que les frontières puissent bouger… Et si je ne permets pas à l'autre de dire où est mon autorité, elle n'existe pas et se réduit d'elle-même comme peau de chagrin. C'est une histoire vide, une compilation d'histoires passées où rien n'est réactualisé… Nous sommes un organisme vivant, profitons-en !

Les risques ne se calculent pas autant qu'on le dit. À un moment, on s'ouvre parce que l'on s'aime assez, qu'on a apprivoisé l'être imparfait que l'on était. Si l'on sait se reconnaître, se regarder, sans emphase, mais sans dévalorisation non plus, dès lors que l'on a confiance en soi, que l'on s'aime avec toutes ses imperfections et toute sa lumière, où est vraiment le risque ? Quel est-il ? D'être bougé par l'autre ?

Ce moment, ce passage, c'est « *the leap of faith* », le saut de la foi, parce qu'il y a quelque chose à traverser, sans qu'aucun calcul ni équation ne puisse l'évaluer. Comme nous savons que nous devons traverser – c'est notre conviction profonde –, alors nous franchissons le pas et nous y allons : nous sautons sans même savoir en calculer les risques. C'est de l'ordre de la « foi en soi », au sens de *religare*, se « relier » à soi-même, une *reliance* humaniste, hors du religieux.

Diffuser du lien

En m'investissant ainsi, je pense contribuer à ma propre vie, à ma guérison. Mais je n'ai pas la prétention de contribuer à la société, d'apporter une pierre à l'édifice social. Je pense qu'il ne s'agit pas de disposer d'un levier sur la France ou sur le monde, mais dans le terreau, « l'humus » où nous vivons, son propre champ amical, familial… En fait, il ne s'agit pas de transmettre, d'éduquer, d'enseigner, mais simplement de vivre en diffusant du lien, quelque chose de l'ordre de la liberté, de la « juste » place.

Ma contribution est certes minime, mais elle a ainsi le mérite d'exister et de se diffuser localement, c'est déjà bien ! Dans le cadre de la réinsertion par exemple, parmi les personnes que j'ai tâché de faire travailler, un petit nombre seulement est parvenu à retrouver une stabilité. Néanmoins, le fait même qu'une personne saisisse cette main tendue et en fasse quelque chose, c'est magique !

L'élément déclencheur a été ma rencontre avec une personne en déshérence, allongée dans le froid, en plein hiver, dans les rues de Saint-Germain-en-Laye. Lorsque j'ai croisé le regard de cet homme sans aucune ressource, j'ai ressenti un bouleversement intérieur. J'ai alors quitté l'entreprise dans laquelle je travaillais pour intégrer une structure destinée à aider les plus démunis. Le déclic a été le lien : j'ai *vu* l'autre. C'est tout le sens de cette question posée par Emmanuel Levinas : *« Comment même être responsable de la responsabilité de l'autre ? »* Comment le système social, familial, peut-il à un certain moment se fragiliser ainsi ? Comment une personne en situation normale, « standard », peut-elle, à partir d'un problème personnel ou professionnel, se retrouver fragilisée à ce point ? Comment le lien peut-il se déliter aussi vite ? Dès l'instant où j'ai été prêt à regarder cet homme, j'ai peut-être eu un peu moins peur pour moi-même. Au-delà du choc de la confrontation entre mon aisance et sa déshérence, le premier pas, c'était le lien, la rencontre !

Réhabiliter le lien

Au fond, accompagner tel que je le fais, c'est aussi réhabiliter le lien. À un moment donné, l'accompagné se retrouve dans un entre-deux, encore inhabitable, puisqu'il a quitté une représentation solide et en aborde une autre, différente et incertaine. En réalité, il se retrouve dans une nouvelle disponibilité où il peut désormais se connecter, non plus à l'essence de l'être, mais à l'essence du lien ! Dans *De la science à l'éthique*, le physicien allemand Hans-Peter Dürr écrit : *« Nous sommes d'autant plus créatifs que nous nous trouvons près du point de déséquilibre ! »* En effet, une fois ce déséquilibre passé, la personne reliée à un champ plus vaste, nourrie par la présence des autres, peut laisser agir sa capacité créatrice singulière… Personnellement, je pense qu'à l'image des particules considérées dans leur univers quantique, la « brique » essentielle à toute vie, c'est la volonté de se relier ! Si l'intelligence d'une cellule est autant dans son noyau que dans sa membrane et que sa vie réside dans la relation qu'elle crée avec d'autres, l'intelligence de l'homme existe autant dans sa façon de se penser lui-même que dans sa façon d'être au monde.

De fait, comme les particules ne peuvent pas être séparées de l'espace vide autour d'elles, elles lui sont consubstantielles… Ainsi, la matière est aussi importante que le lien qui existe entre les parties. Entre la pensée quantique et la réalité du coaching stratégique, il y a ce pont : être accompagnant, c'est aussi savoir que la personne ne peut être identifiée séparément des autres. Ce n'est plus l'homme, individuellement, qui est l'élément essentiel de l'Univers, mais l'interaction, la relation, le lien qu'entretient telle matière avec telle autre, tel individu avec tel autre ou avec tel groupe. Par conséquent, les interrogations portent sur la relation qui s'élabore et sur les informations qui se transmettent. Dans la vision « quantique » du monde, le sujet accompagné se trouve ainsi convoqué au centre d'une histoire où vont compter toutes les relations qu'il tisse. Être en lien, c'est aussi deux blessures qui se parlent ! Il s'agit ainsi d'accepter de se mettre en « je », pour aller rencontrer un « tu », accepter d'être traversé par ce qui fait problème et qui est sous-jacent. C'est là qu'un « nous » fécond peut naître… Avant d'être rationnel, le monde est relationnel et c'est précisément cette relation qui fait pour nous « signature » dans ce monde.

Si nous pouvions tous, à commencer par nous-mêmes, réhabiliter le lien, travailler sur la « réconciliation » avec l'autre, avec nous-mêmes, nous respecter… Puisque nous sommes tous des êtres blessés, emplis d'ombres et de lumières, il nous faut admettre que notre présence au monde est fragile, aléatoire, passagère et « contextuelle ». Si je ne crois pas au « transhumanisme », c'est parce que je pense profondément que l'homme a la capacité à se mettre en lien avec les autres, c'est son essence. Puisque le réel est capable de trouver sa propre magie, vouloir transformer l'homme, l'augmenter, est un fantasme inutile.

Si l'on essaie toujours d'avoir l'œil qui voit plus loin, le cœur qui fonctionne plus et plus longtemps, c'est un déni de soi. À l'inverse, si l'on s'aime un peu plus soi-même, on n'a pas besoin de domination, de rivalité, cela peut ouvrir à la coopération et non au désir « mimétique »... Si le désir émerge du manque, au sens lacanien, il y a très vite des projections, des désirs qui s'expriment. Comme le désir de se connecter à l'autre peut être « réveillé », il s'agit de le réactiver. Dans le travail de coaching, si le lien est présent, il ne doit jamais en revanche y avoir de prise de pouvoir. À ce sujet, dans *Le Livre tibétain de la vie et de la mort*, en référence au Bardo Thödol, Sogyal Rinpoché évoque la libération par l'écoute. Tout est dit ! Ainsi, je pense que la « fonctionnarisation » des corps et la spécialisation des esprits entravent l'avenir des sociétés contemporaines, ainsi que l'humanisme... Alors que c'est notre trésor collectif ! C'est en rencontrant son ombre que l'homme peut apprivoiser ses peurs, en s'acceptant lui-même, en se reconnaissant sans artifice afin que sa vérité, la sienne, s'inscrive en lui.

Un rêve

Si l'on est capable d'ouvrir des petites lucarnes, c'est déjà bien ! Lorsque j'étais enfant, mon désir était d'aider d'autres enfants, de donner des cours dans des pays d'Asie, d'Afrique... Aujourd'hui, j'ai toujours ce désir-là ! L'essentiel, c'est de se relier à soi-même, de rester dans la simplicité, l'humilité, au sens étymologique de l'humus : au niveau de la terre. Il s'agit de comprendre que l'être humain, c'est à la fois du lien *et* de la coupure, de la reconnaissance *et* du mépris, de la sécurité *et* de l'insécurité, de la puissance *et* de l'impuissance… Après l'homme de Neandertal, l'*Homo erectus* puis l'*Homo sapiens*, l'*Homo communicans* du XXIe siècle se croit libre. Mais il ne l'est pas ! Au contraire, il souffre d'un excès de dépendance à la technologie et aux sirènes du monde virtuel. Ainsi, ce que je souhaite, c'est que l'on réfléchisse un peu moins et que l'on redescende sur Terre, que l'on parle avec nos mains, nos cœurs. À trop solliciter le cérébral, on a oublié certaines parties du corps et toutes les souffrances qui en découlent. S'il existe un lieu où se trouvent toutes nos blessures, notre histoire, notre lumière, le passé, il en est un, aussi, où tout est en mouvement, en lien avec l'autre. Alors, tâchons de soigner le premier et parions sur le deuxième ! Je rêve à une forme d'écologie du bonheur, comme un recyclage des maux de l'existence pour se retrouver les uns, les autres !

Je conclurai par cet extrait de *Clair de femme*, de Romain Gary, que j'ai récemment cité en cours de philosophie : *« Comment veux-tu distinguer le faux du vrai quand on crève de solitude ? […] Il y avait certes des limites physiques, il fallait séparer nos souffles, s'écarter, s'espacer, se lever, se dédoubler, et c'est toujours autant de perdu. Quand on a deux corps, il vient des moments où l'on est à moitié. »*

« À un moment, on s'ouvre parce que l'on s'aime assez, qu'on a apprivoisé l'être imparfait que l'on était. »

La cuisine, c'est donner de l'amour

Antoine Westermann

Né en 1946 à Wissembourg, en Alsace, Antoine Westermann, autodidacte, 3 étoiles Michelin, s'est totalement appuyé sur la cuisine très identitaire de sa région natale pour ancrer son style, revisitant à sa façon des plats emblématiques. Grand curieux, son premier coup de cœur hors d'Alsace est pour la cuisine du Sud-Est de la France, au point qu'on dit de lui qu'il est le plus méditerranéen des cuisiniers d'Alsace.

Fier de transmettre, il associe ses chefs à ses différents projets. Et sa cuisine généreuse, festive et élégante explore depuis toujours de nouveaux territoires culinaires, des États-Unis au Portugal en passant par l'Autriche.

Il a créé ou repris successivement les établissements *Mon Vieil Ami* (2003), *Drouant* (2006), *Le Coq Rico* (2013), *La Dégustation* (2013) à Paris, puis le bistrot *Le Coq Rico* (2016) à New York.

Il a notamment publié *Cuisine-moi des étoiles* avec Jean Orizet (Le Cherche midi, 2009).

***Antoine Westermann** est à la fois un ami et une personne que j'ai croisée dans le monde professionnel lorsque je travaillais chez Système U, puisqu'il était le chef qui contribuait aux recettes de l'enseigne – c'était d'ailleurs à l'époque l'un des rares cuisiniers à travailler avec la grande distribution. Quand j'ai commencé à travailler sur ce livre et à élargir le spectre des témoignages, j'ai aussitôt pensé à lui, à la façon dont il met du lien, de l'amour et du sens au cœur de tout ce qu'il fait : depuis la cuisine elle-même jusqu'à ses relations avec ses collaborateurs et ses clients, bien sûr, ou bien encore lorsqu'il ouvrait le Drouant aux Restos du cœur et invitait ses amis à faire le service pour les plus démunis. Humainement, il incarne véritablement le lien, notamment à travers ce cheminement du plaisir et du respect qu'il évoque dans cet entretien, de la ferme à l'assiette en passant par l'épicentre de la relation : la cuisine. Tout le travail d'Antoine aujourd'hui est concentré autour du dilemme de l'homme omnivore : si l'on mange des animaux, quelle vie doit-on leur proposer? – Une vie qui les respecte dans leur biodiversité, et le respect de leur nature : qualité de souche, qualité d'élevage, qualité d'abattage etc. ? Je ne doute pas que là encore, c'est par le lien qu'il contribuera à cette réflexion majeure sur notre écosystème.*

Je me définis avant tout comme un cuisinier, et non un restaurateur. Mon but ultime, c'est que les personnes que je reçois comprennent qu'elles sont là pour recevoir du plaisir, du bonheur, l'espace d'un déjeuner, d'un dîner, d'une soirée… C'est ma démarche, le sens de mon travail.

En réalité, je suis un manuel et comme tout artisan, lorsque je m'applique à réaliser une « œuvre », c'est pour répondre à la commande d'un client. Le plaisir se trouve d'abord de mon côté, lorsque j'accomplis ce travail que j'aime, puis il passe du côté de celui qui me l'a commandé et qui dégustera l'« œuvre » finale. Dans ce processus, le plaisir est le maître-mot. Le plaisir pour soi, et surtout le plaisir du partage, de cette relation qui se crée.

J'ai conscience de cela depuis l'enfance. Quand j'étais gamin, installé sous la table, j'écoutais mes parents, assis sur leurs chaises, raconter leurs histoires de grands, et je me disais : *« Un jour, je serai cuisinier. »* Bien sûr, ils aimaient la bonne chère, mais au-delà de ça, je sentais qu'il y avait une relation humaine, là-dedans, qui dépassait le fait de manger.

Une histoire de confiance

Mon père avait une entreprise de peinture et Maman était à la maison, à s'occuper de lui et de nous, les enfants… Nous étions quatre, deux filles et deux garçons. Moi, je suis le numéro trois. Mon père a vécu des moments difficiles dans sa vie. En tant que soldat, il a été incorporé de force dans la Wehrmacht… Après la guerre et ses privations, la première chose qu'il a faite a été d'apprendre la cuisine. Il cuisinait pour toute sa famille, pour ses copains… Il avait besoin de dire que s'il se passait un jour à nouveau quelque chose, il saurait se débrouiller comme un Robinson pour survivre, vivre. Ainsi, la semaine, quand il travaillait, c'était Maman qui faisait la cuisine – il lui demandait dès le lundi quel serait le programme jusqu'au samedi –, et le dimanche venu, c'était la fête : il se levait aux aurores pour se mettre aux fourneaux et régaler les invités. Cela rythmait ma vie ! À force de les entendre parler de nourriture, j'ai conçu une véritable passion pour tout ce qui tournait autour des métiers de bouche.

Depuis tout petit, je regardais, je m'intéressais à tout cela… À la préparation du repas, notamment, qui était déjà une fête en soi. Et je me réjouissais d'avance de me mettre dans un petit coin et d'écouter tout ce que les adultes raconteraient. À l'époque, ma mère ne voulait pas que je sois cuisinier, elle me voyait plutôt géomètre. Mais elle souhaitait le meilleur pour moi, et de toute façon, je ne lui ai pas laissé le choix ! C'est venu tout naturellement. À 7 ans, lorsque je rentrais de l'école, je filais dans la cuisine où je m'enfermais à double tour pour me faire à manger. La première pierre était posée. Si mes parents ou mes frères et sœurs voulaient entrer, ils devaient frapper et attendre que je leur ouvre… Quand je le voulais bien !

Au début, je cuisinais surtout des desserts. Petit à petit, à force de traîner dans la cuisine quand mon père préparait rôtis et civets, j'ai fini par me mettre au salé. Quand j'ai eu 10 ou 12 ans, ma vocation ne faisait plus de doute pour mes parents. Si ma mère était encore contre, mon père, lui, m'a laissé le champ libre, heureux que son fils puisse exercer le métier dont il aurait lui-même rêvé. Mon père était mon premier soutien et il l'a été pratiquement tous les jours de sa vie.

On se téléphonait tout le temps, lui et moi. La plupart du temps, il commençait par me demander : « *Qu'est-ce que tu as cuisiné ? Comment l'as-tu préparé ? Qu'y as-tu mis ?* » C'est un lien formidable, que je souhaite à tout le monde. Sentir son père si proche, savoir que l'on a sa confiance donne des réserves d'assurance et permet d'avancer dans la vie. Je me sentais aimé… Il en faisait même parfois presque trop ! Lorsque j'avais une mauvaise note à l'école, il disait : « *Le professeur a dû se tromper.* » Quelle chance d'avoir bénéficié d'une telle confiance ! Cela m'a tellement apporté que je m'efforce de le reproduire avec mes fils en les joignant au téléphone dès que je peux, que je sois à Paris ou à New York.

Une question de respect

À l'époque, on ne travaillait qu'avec les produits régionaux, de la ferme, j'ai donc appris très tôt à reconnaître « le très bon », à me montrer curieux et exigeant à la fois. En tant que cuisinier, je suis un peu égoïste parce que je veux toujours ce qu'il y a de mieux… Un bon produit, c'est par exemple une volaille qui a vécu une belle vie, traitée et nourrie comme la nature voudrait qu'elle le soit. On pourra donner à une bête les meilleurs produits du monde, si elle reste enfermée dans une cage, puis passe deux jours dans un camion avant d'être abattue, elle sera en souffrance. Et un animal en souffrance ne pourra donner aucun plaisir à celui qui le consommera.

La première fois que j'ai visité des fermes, aux États-Unis, j'y ai vu des petits poulets blancs tout déplumés, programmés génétiquement pour ne pas vivre au-delà de quatre semaines. Non seulement c'est atroce, mais en plus, une volaille qui, au lieu de quatre semaines, en a vécu huit ou dix, douze ou même quatorze, a forcément un goût plus riche qu'une volaille abattue avant d'avoir pu atteindre son niveau de maturité.

Quand je suis aux États-Unis, sans vouloir jouer les prophètes, je rappelle toujours aux Américains que leur petit *fried chicken* de quatre semaines n'a rien à voir avec ce qui existe dans les fermes. Je leur conseille aussi de se montrer plus exigeants sur la qualité et l'origine de la viande plutôt que sur la quantité. À quoi bon vouloir un énorme steak si c'est pour qu'il finisse à la poubelle ? Pour un cuisinier, la pire des choses est de voir revenir de la nourriture dans les assiettes. Chaque fois, je songe qu'un animal est mort pour rien et je pense à la personne démunie qui tend son chapeau, sur le trottoir. Que nos modes de consommation conduisent à jeter de la nourriture signifie un manque de respect à l'égard des animaux et des hommes.

Comment éviter ce gâchis? Aux États-Unis, les gens rapportent presque systématiquement les restes à la maison. Dans ma famille, le mot d'ordre était de ne jamais jeter : un frigo recèle toujours de quoi composer un menu. Les restes sont faits pour être utilisés, accommodés. C'est un véritable art de l'improvisation! Les meilleurs potages, par exemple, sont cuisinés à partir des restes de plats qui ont cuit la veille ou l'avant-veille, dont les saveurs ont évolué. Les plonger dans une casserole, c'est leur redonner vie, les remettre en scène! Avec le pain, on fera du pain perdu ou des quenelles, et s'il en reste encore, il sera pour les poules. Chaque chose a sa raison d'être, c'est la façon dont je conçois le respect.

Management par le lien

Je me rappelle le jour où j'ai ouvert mon premier restaurant à Strasbourg, en 1970. C'était un service du dimanche et j'étais si stressé que je ne cessais de hurler sur tout le monde. À un moment, mon père est entré dans la cuisine et m'a dit : « *Mon fils, tu es complètement fou! Es-tu obligé de parler comme ça aux gens?* » Je lui ai alors répondu : « *Les cuisines, c'est comme ça!* » Il m'a répliqué : « *Pas question que tu continues ainsi.* » Cela a radicalement changé ma manière de diriger une équipe. Jusque-là, pour moi, manager mes équipes, c'était hurler... Et du jour au lendemain, j'ai changé! Ça n'a pas été simple, mais moins d'un mois plus tard, ma cuisine était devenue un « temple » de paix.

En cas de stress, plutôt que de hurler, mieux vaut au contraire adopter la concentration extrême du chef d'orchestre : en plus d'être une évidente marque de respect pour les autres, c'est bien plus efficace. Cela n'empêche évidemment pas de corriger les erreurs à l'occasion d'un débrief à la fin du service. Mais mon attitude en cuisine a radicalement changé, de même que le respect que je porte aux autres.

Tout cela, je le dois à mon père, qui m'a transmis son bon sens, sa générosité, cette bonté qu'il témoignait à tous. Il aimait partager, il aimait donner… Quand il est décédé, il avait tant donné qu'il ne possédait plus rien. C'est à lui que je dois d'exercer ce métier et de cette façon-là.

Dans le lien, ce qui m'intéresse le plus, c'est la finalité : pour moi, la « réussite » d'un restaurant – comme celui de New York, par exemple – n'est pas synonyme d'ego ou d'argent, mais de respect pour les personnes qui m'ont accordé leur confiance en m'aidant à le créer. Six semaines avant d'ouvrir à New York, mon futur directeur et mon chef de cuisine ont déclaré forfait. En urgence, j'ai dû trouver des perles rares, avec qui je n'avais jamais travaillé. Et cela a marché. Je pense que les choses n'arrivent pas par hasard… C'est avec eux que je devais travailler, pas avec ceux que je connaissais : nous aurions certes joué une belle musique, mais je n'aurais rien appris, contrairement à aujourd'hui. Parfois, le lien est déjà présent et on comprend après coup pourquoi on est « avec » ces personnes. Ma mère, qui était mystique, disait : *« L'homme pense et réfléchit, et c'est Dieu qui conduit la voiture ! »* Ainsi, on a beau faire ce que l'on veut, c'est celui qui est au volant qui finalement va nous mener là où nous devons aller.

Le lien, pour moi, est avant tout synonyme de confiance. Je ne peux avoir un lien solide avec l'autre si je n'ai pas confiance en lui. Ainsi, durant ces six semaines où je devais changer de « lien », c'est cette confiance qui m'a porté. Paradoxalement, mon père, qui était un homme très chaleureux, avait de la peine à faire confiance, à ses ouvriers par exemple. Parfois, il préférait se lever à 5 heures du matin et finir le travail lui-même. Le lien qu'il avait avec eux était très différent de celui qu'il avait avec moi.

Pour moi, un « bon » lien, c'est un lien qui ne me demande absolument aucun effort. En étant à ma place, j'essaie d'être le plus cohérent avec moi-même, afin que l'autre ne se fasse pas d'illusions quant à mon authenticité. Par conséquent, les mots, la posture, tout ce que l'on peut exprimer doit être juste et ne pas signifier le moindre mensonge, jusque dans les plus petits détails. Et Dieu sait si c'est difficile ! Si l'on fait l'effort d'être dans sa vérité, dans son authenticité, il y a toutes les chances que le lien à l'autre soit juste.

Mon management passe par là. Plutôt que d'envoyer des e-mails, de laisser des traces écrites, je préfère aller voir les gens. Mes collaborateurs ont besoin de moi tout comme moi, j'ai besoin d'eux. Dans ces moments-là, nos liens se renforcent encore et cela crée un respect mutuel. Au restaurant, où nous sommes près de cinquante, le premier travail, le matin, c'est de passer dire bonjour à tout le monde. Entre les trois établissements de Paris et celui de New York, nous sommes cent quarante ! Difficile pour moi qui n'ai pas la mémoire des prénoms de retenir ceux de tout le monde, mais je fais mon possible et je m'adresse à chacun !

Ma plus belle histoire de confiance est sans doute ce que j'ai accompli avec Anthony. Au départ, il était cuisinier chez moi, à Strasbourg. Puis je l'ai envoyé à Washington, où j'avais ouvert un bistrot. Il a été mon aubergiste pendant deux ans, puis, quand j'ai eu l'idée de monter le restaurant de l'île Saint-Louis, je l'ai appelé et lui ai demandé de rentrer pour le diriger. Quand je lui ai proposé Drouant, il a d'abord protesté et m'a traité de fou. Je lui ai dit qu'on allait créer quelque chose de nouveau et que je le voulais lui, avec sa sensibilité et sa valeur humaine, plutôt que quelqu'un sorti de l'école hôtelière. Je lui voue une confiance absolue. Aujourd'hui, il fait tout mieux que moi. Il est à la fois très exigeant avec ses équipes et, en même temps, il les aime profondément. Il est capable de donner sa chance à quelqu'un qui n'a aucune formation et, petit à petit, depuis la plonge ou l'épluchage des pommes de terre, de le faire monter pour l'envoyer en cuisine. C'est aussi la méthode que j'ai adoptée.

Bien sûr, parmi mes plus proches collaborateurs, il y a mon épouse Patricia, avec qui je travaille depuis une quinzaine d'années. C'est un autre type de lien et ce serait mentir que de ne pas reconnaître que travailler en couple est un exercice de haute voltige ! C'est un vrai défi au quotidien, mais nous sommes à la fois très différents et très complémentaires. Nous avons tous les deux la même envie, nous voulons aller dans la même direction, mais nos façons de faire sont différentes, de sorte que nous avons décidé de nous répartir des domaines et les interventions. Patricia est chargée de toute la communication et du marketing liés à nos activités. Son travail est précieux et je reconnais ses compétences et son talent, notamment – contrairement à moi qui suis dans la relation directe – celui de formaliser les choses. Travailler en couple peut créer des tensions, il est donc préférable de se répartir les tâches, en toute confiance, comme nous le faisons, et de rester attentif à la qualité de la relation.

Laisser une trace

Aujourd'hui, j'ai envie de laisser des traces, que mes plats emblématiques, ceux qui ont fait ma notoriété, soient répertoriés dans des livres. Pour un chef, c'est un aboutissement ! J'aimerais aussi qu'un jour, en parlant de moi, on dise : « *C'était un bon cuisinier, il était humain avant tout ! Ce qui comptait le plus, pour lui, c'était savoir que l'autre était bien à sa place, heureux, bien dans sa peau.* » À choisir, je préférerais que l'on se souvienne de moi ainsi plutôt que comme « Roi de la grenouille »!

Ce que je souhaite pour le monde entier, c'est aussi ce que je me souhaite à moi-même : savoir vivre au présent, ici et maintenant. C'est d'une difficulté incroyable, mais si on y arrive ne serait-ce que dix minutes par jour, c'est déjà beau, et je pense que cela pourrait changer beaucoup de choses.

Une invitation à retrouver ces liens qui nous révèlent?

Ma référence absolue, en matière de lien comme de cuisine, ce sont les beaux légumes du jardin que cueillait ma maman et qu'elle cuisinait ensemble. Ce moment soulignait le retour du printemps où toute la famille se retrouvait autour de la table pour déguster une terrine maison et ses beaux légumes, où elle « coinçait » un morceau de lard qui venait du plus beau cochon du village… Un moment de mon enfance chaleureux et simple, ancré en moi.

« Si l'on fait l'effort
d'être dans sa vérité,
dans son authenticité,
il y a toutes les chances
que le lien à l'autre soit juste. »

Le contact à soi : un chemin de conscience

Nathalie Simonnet

Avocate au barreau de Paris pendant plus de quinze ans, spécialisée dans les négociations contractuelles internationales, la prévention et la gestion des conflits pendant plus de vingt ans, et médiateur depuis dix ans, Nathalie Simonnet se consacre aujourd'hui essentiellement à cette dernière activité de médiation. Elle vient de créer Émergence, l'Institut de formation de médiateurs CNV, qui poursuit l'activité de formation de l'École des Médiateurs CNV, fondée en 2008, dont elle avait repris la direction pédagogique en 2014.

***Nathalie Simonnet** a d'abord été la médiatrice de mon couple à l'époque où j'ai traversé cette situation délicate de la séparation. Me formant moi-même alors à la CNV et sur les conseils d'une amie, je cherchais un médiateur ayant intégré la CNV dans sa pratique. Le médiateur CNV intervient en tant que tierce personne par une démarche structurée et pragmatique avec une dimension humaine produisant des effets « thérapeutiques ». Ce médiateur CNV œuvre au service de la relation en créant un espace de dialogue, par son écoute, son empathie et sa créativité, afin d'accueillir et de permettre aux médiants d'exprimer leur vécu et leurs émotions.*

Émotions qui sont les fenêtres ouvertes de nos besoins fondamentaux. Cet espace de paix permet d'identifier les besoins de chacun pour éventuellement parvenir à élaborer ensemble des solutions créatives. J'ai la chance de pouvoir exercer ce métier si vivant. Il se trouve qu'alors que Nathalie était assise face à nous, je me suis vue sur son siège (œuvrant à sa place ?). J'avais ressenti comme des mouvements. Comme si, lors de cette médiation, je me promenais d'une personne à l'autre. La capacité d'être en empathie à la fois avec la médiatrice, avec mon conjoint et avec moi-même. Très vite, nous en sommes venues à parler de ce projet de formation pour compléter mon activité professionnelle, et je me suis inscrite à l'École des Médiateurs CNV, dont Nathalie était alors responsable pédagogique – succédant à Annie Gosselin, la fondatrice –, avant d'en reprendre la direction pédagogique, l'année suivante. Aujourd'hui, Nathalie a réorganisé l'école et l'a baptisée Émergence. Il m'est arrivé d'intervenir occasionnellement à ses côtés pour tester cette nouvelle posture de formatrice. C'est une chance de l'avoir connue et de pouvoir faire ce chemin ensemble. Un chemin ensemble qui se prolonge… Son enseignement sur le cycle de transformation organique de la vie en toutes choses est édifiant. Son histoire, son énergie, son empathie et son désir de transmission font d'elle un personnage central de ce livre.

Sans en avoir pleinement conscience à l'époque, les études de droit ont été pour moi comme une « première thérapie » me permettant de sortir d'un mode relationnel très « affectif ». Mes études de droit et surtout de sciences politiques m'ont amenée à m'interroger sur le fonctionnement des régimes politiques (dictatures, démocraties), sur ce qui se joue dans « les liens » en matière de pouvoir, et notamment sur la distinction « pouvoir sur », « pouvoir avec »…

Certains auteurs et certaines œuvres m'ont particulièrement marquée : *Réflexions sur la question juive* de Sartre, John Locke et sa théorie de la sociabilité naturelle, Hobbes pour son *« l'homme est un loup pour l'homme »*, et Rousseau pour ses réflexions sur la liberté… J'ai pris conscience du fait qu'un être humain ne pouvait développer son humanité sans l'Autre, que nous étions tous des êtres de relation.

Après mes études, en soif d'ouverture, je n'envisageais pas ma vie professionnelle sans parler couramment anglais. Je suis d'abord partie à Londres. À mon retour en France, j'ai décroché un job de juriste dans une société internationale de télécoms. À dire vrai, ce fut sans doute un prétexte pour être en lien avec différentes cultures, différentes sociétés, différentes nationalités…

J'avais 27 ans. Après deux ans en entreprise, je percevais de mieux en mieux tout ce qui relevait du domaine relationnel dans les liens professionnels : même si mon job de juriste consistait à négocier et rédiger des contrats, les RH faisaient fréquemment appel à moi pour gérer des problèmes avec des salariés afin d'éviter des contentieux. Cela ne faisait pas partie de mes fonctions. Je crois que j'aimais déjà aller voir ce qui se passe de l'autre côté pour mieux comprendre les mécanismes d'opposition. Très vite, j'ai eu la responsabilité de monter une direction juridique et des fonctions de direction au niveau européen. Lorsque la société a été rachetée par France Télécom, j'ai décidé d'aller découvrir une autre facette de la profession, côté avocat cette fois. Là encore, c'était un terrain d'observation passionnant sur le plan humain et notamment sur les jeux de pouvoir. J'ai mesuré à quel point les avocats avaient souvent beaucoup de difficultés à gérer la relation. Ce fut aussi pour moi l'opportunité de monter un cabinet en libéral, ce qui m'a permis de consacrer du temps à ma formation dans le domaine de la communication, de la relation.

Un cheminement vers la médiation

En 2002, j'ai lu le livre de Thomas d'Ansembourg, juriste et avocat, *Cessez d'être gentil, soyez vrai!*. Ça a été un vrai déclic ! Non seulement nous étions tous égaux en droits, mais aussi en humanité… Je me suis alors formée à la communication non violente (CNV). Lors d'une conférence à Lyon, j'ai rencontré Marshall Rosenberg, fondateur de la CNV, et aussi Annie Gosselin, qui proposait un cursus de formation à la médiation CNV. En parallèle d'une formation de médiateur déjà en cours, je me suis aussitôt inscrite à son cursus. L'un des postulats de la CNV est l'empathie naturelle de l'être humain, son élan à contribuer au bien-être de l'autre, dès lors qu'il se sent libre et n'agit pas sous contrainte. Cela m'a permis de retrouver le fil rouge de toutes mes réflexions sur les jeux de pouvoir et le sens profond du « vivre ensemble ». La rencontre avec Annie fut l'une de celles qui marquent une vie. L'aventure m'a menée à poursuivre la mission d'Annie en intégrant l'École des Médiateurs CNV dont Annie m'a ensuite confié la direction pédagogique.

La médiation CNV m'a remise en lien avec les questionnements qui m'avaient taraudée durant mes études : *l'homme est-il « un loup pour l'homme » ou bien est-il doté d'une « sociabilité naturelle » ?* En réalité, n'a-t-il pas les deux en lui ? Dès l'instant où il se sent libre et qu'il n'est pas dans la peur de l'autre, il vit cette « sociabilité naturelle ». S'il ne comprend pas ce qui se passe chez l'autre, il perd ses repères et cela génère alors de la peur. C'est bien ce mécanisme de protection ou de survie qui crée cette séparation avec l'autre.

En observant le cycle organique en l'être humain, j'accède à une compréhension de ce qui crée le conflit et je cesse d'en avoir peur. Apparaît alors en ligne de fond une sécurité intérieure. Je reconnais l'autre comme ayant la capacité d'être à la fois « un avec moi » et « deux », parfois séparés et même « contre moi », lorsqu'il ne se sent plus en sécurité et qu'il se met en opposition. Pour moi, il existe bien un lien entre deux êtres en conflit, que ceux-ci font le choix d'aborder en conscience ou pas. Le lien peut sembler rompu, ne demeure-t-il pas toujours un lien ? C'est dans la compréhension de ce qui se joue pour moi dans le conflit que je vais m'humaniser, grandir, com-prendre (prendre avec). Dès l'instant où je fais ce chemin vers l'acceptation, quelque chose s'ouvre, répond ailleurs, se transforme. C'est peut-être ce petit supplément d'âme qui fait que je reste en lien avec l'autre. C'est ce que la posture de médiateur permet de visiter.

Dans ma pratique, je forme, je « coache », je supervise des médiateurs afin qu'ils puissent intégrer au mieux ce qui, face à des situations de « ou moi ou l'autre », va soutenir le « et moi et l'autre », et ainsi savoir accueillir, écouter en profondeur ce qui se passe dans la relation entre deux personnes en conflit. Comment passe-t-on du « ou » au « et »? J'aime à croire que le « ou » n'est jamais une fin en soi, que le « et » est toujours possible. Ce métier m'a amenée à réfléchir sur le conflit et les énergies de séparation. Au cœur du conflit, au cœur des énergies de séparation, il y a, pour moi, l'humanité de chacun en quête d'unité. Le lien est là, même s'il n'est pas visible, chacun étant dans ses stratégies de protection, de survie. En tant que médiateur, je peux faire confiance à l'énergie de paix, déjà présente au cœur même du conflit.

Cet endroit de paix est comme un paradis perdu. Le retrouver nous engage sur un chemin de connaissance de soi sur lequel nous allons croiser l'Autre, celui avec lequel nous allons vivre du conflit. Le conflit est une occasion de mieux se connaître, grâce auquel nous apprenons de nos réactions face aux situations. Si ce que dit l'autre nous heurte, nos mécanismes de défense agissent aussitôt. Comment savoir pourtant rester dans l'ouverture à soi ? La difficulté, dans toute situation inconfortable, est d'accueillir inconditionnellement ce que nous ressentons, ce que nous vivons, ce que cela vient toucher en nous, sans agir dessus. Comment nous accueillir pleinement dans l'instant tel que nous sommes, au-delà de nos représentations, de nos projections sur nous-mêmes ? La lucidité vis-à-vis de l'image que l'on a de soi ouvre un chemin vers la paix intérieure…

Chaque être humain a une représentation du monde tout à fait unique et singulière. S'ouvrir à l'autre nous ouvre une autre perspective du monde. La communication, pour être en lien avec cet autre intrinsèquement différent, est une chose qui n'est pas si simple et s'apprend. Le médiateur sait que chacun peut être victime de ses pensées, de ce qu'il se raconte sur la situation, et faire l'expérience d'être au milieu de ce qui sépare. Quand il entre dans « l'arène », pour reprendre l'expression de Thomas Fiutak[15], le médiateur se relie à cette conscience qu'au cœur du conflit, derrière la situation et ce que chacun se raconte à son sujet, réside une énergie de paix. En fait, les protagonistes ont tous les éléments pour dénouer le conflit. Au fond, c'est logique, car ils ont fait le nœud ensemble, c'est leur relation qui a créé cela. Comment le dénouer ? C'est ce que permet le médiateur, dans sa posture, avec son savoir-faire et son savoir être.

En médiation, il arrive que je « m'amuse ». Lorsque chacun s'exprime à coups de projections sur l'autre, je leur demande tour à tour : *« Ce qu'il vient de dire, c'est ce qui se passe pour vous ? Non. Et vous, est-ce que vous vous reconnaissez dans ce qu'il dit de vous ? Non. Alors maintenant, puisque personne n'est à l'endroit où l'autre croit qu'il est, on va aller voir ce qui se passe vraiment*

15. Auteur du *Médiateur dans l'arène*, éd. Érès, 2014.

pour chacun. » Souvent, ça les fait sourire ! Quand une relation se passe mal, elle est souvent vécue comme un échec. Cependant, c'est pourtant l'opportunité d'une belle source d'apprentissage. Savoir accueillir avec souplesse ce qui est en train de se dire dans la relation permet d'avoir une mine d'informations pour évoluer, grandir en intimité avec soi, donc avec l'autre. Cela fait écho à une phrase que j'aime beaucoup : *« ce n'est pas tellement ce qu'on vit qui est important, c'est la manière dont on vit les choses »*. Sur mon chemin, certaines personnes m'aident et m'inspirent…

J'aime observer le cycle de transformation de la vie en toutes choses, ce que j'appelle « l'organique ». Aujourd'hui, on appréhende même la maladie (la « mal a dit »), avec l'idée que, ce que le corps crée en réaction à quelque chose, il peut le gérer et accéder à des ressources d'autoguérison. Le corps aurait autant de ressources pour l'un (créer la maladie) que pour l'autre (en guérir). Avec le conflit, c'est pareil : chacun est coresponsable de ce qui s'est créé, et le dénouer permet à chacun d'apprendre de la relation et de reprendre le pouvoir sur sa vie. Qu'est-ce qui fait qu'à un moment donné, quelque chose a dysfonctionné ? Comment peut-on éclairer cela, l'accueillir ? L'écoute et l'accueil de ce qui est là, sans aucun jugement sur la cause de ce qui s'est noué, sont porteurs de transformations organiques.

Si, parfois, nous agissons d'une façon qui se révèle ne pas être au service de la relation, c'est que nous ne sommes pas conscients de nos besoins dans l'instant. Pour être en lien avec l'autre, il faut vraiment être en lien avec soi… Or, nous voulons ressentir ce qui fait chaud à l'intérieur, pas ce qui est désagréable : dès lors, à l'instant où nous sentons que quelque chose ne va pas, nous pouvons nous en couper par protection. Néanmoins, si nous restons au contact de ce qui est douloureux, nous pouvons faire le choix, en conscience, d'observer les sensations physiques désagréables, les pensées qui génèrent du stress… Grâce à l'accueil inconditionnel de ce qui est, grâce à la présence à ce qui est, s'opère une transformation organique : on passe de la survie à la vie. Dans le conflit, pour dénouer ce qui pose problème, il est essentiel d'écouter le conflit, d'apprendre à le déplier, à l'accueillir pleinement, à entendre ce qu'il dit de la relation, de ce que chacun vit… Ainsi, quelque chose va se transformer, inévitablement.

Le médiateur va permettre aux personnes en conflit d'exprimer ce qui leur est désagréable et parfois difficile à dire en présence de l'autre. Nous avons tous un mode de pensée qui évalue, commente, interprète des choses qui sont en train de se passer. Nos interprétations, nos jugements nous renseignent sur nos besoins vitaux. Le médiateur va s'appuyer sur ce que disent les personnes en conflit, leurs pensées, jugements, interprétations, pour identifier objectivement ce qui se passe concrètement pour elles et les aider à se mettre en lien avec leurs besoins prioritaires insatisfaits dans la situation conflictuelle. Cela va libérer de l'énergie et générer de l'apaisement.

Méditation, une hygiène de vie

Pour le médiateur, la méditation est une hygiène de vie. Observer sans agir sur ce que l'on observe, c'est ce que propose la « méditation pleine conscience » : repérer ses pensées, les discerner et les laisser passer. Accueillir la pensée permet d'observer que je suis en train de créer quelque chose et que je lui donne le pouvoir d'affirmer que c'est la réalité. Je peux rester juste en lien avec ce qui est au-delà de mes pensées.

Les neurosciences nous apprennent que l'on peut vraiment agir sur nos pensées. Lorsque je vis quelque chose de difficile, je me pose la question suivante : *que suis-je en train de me raconter, sur moi, sur l'autre, sur la situation, sur la vie?* Tout ce qui m'arrive dans la vie est une occasion de déplier cela et de revenir à l'épure de ce qui est. Cela me permet tout simplement de sentir la vie en moi. Avec le recul, je me dis aujourd'hui que, pendant des années, j'ai « joué à la vivante ». J'avais une sorte de postulat vissé en moi, nécessaire à ma survie, me persuadant que la vie était plus belle que tout. Je me devais toujours d'être enthousiaste et très positive. C'était une forme d'injonction personnelle : être pleine de vie. Je n'étais pas vraiment libre de ressentir juste ce qui est là. Désormais, plus je suis au contact de ce qui est là, plus je me sens vivante!

L'élément déclencheur

À 14 ans, j'ai vécu un choc terrible avec la mort accidentelle de mon frère, âgé de 11 ans et demi, par arme à feu. Ce fut tellement violent et la souffrance, tellement forte, que je me suis « anesthésiée » pour rester en vie. Je me souviens des différentes étapes, avec tout d'abord l'impossibilité d'accepter l'irrémédiable. J'avais beau rationaliser, quelque chose en moi attendait mon frère, pensait qu'il allait revenir comme par miracle. J'ai peu à peu compris que ce ne serait pas le cas. Il y eut ce choix, pour moi : me laisser mourir ou continuer à vivre, puis ce pacte intérieur où, du haut de mes 14 ans, j'ai décidé de me battre pour rester dans le monde des vivants. Je le devais à mon frère à qui la vie avait été enlevée si brutalement. Aujourd'hui, avec le recul, je pense que c'est cela qui m'a aidée à vivre. C'est paradoxalement cette injonction à « être une vivante » qui m'a permis à la fois de continuer à vivre et en même temps de me couper de la vie. Or, la vie n'est rien d'autre qu'un cycle organique de transformation, dont j'ai très tôt fait l'expérience, qui consiste à mourir à quelque chose pour naître à autre chose.

Ce cycle de la vie, c'est l'apprentissage de la CNV qui m'a permis de le « conscientiser ». Marshall Rosenberg, fondateur de la CNV, décrit les êtres humains comme de *« gentils morts vivants »*, parce qu'en réalité, la plupart du temps, nous ne sommes pas vraiment au contact de ce qui est vivant en nous-mêmes. Or, si je ne suis pas vraiment proche de ce qui se passe en moi, je ne suis pas dans la vie, mais dans la survie. Cet élan vital, je l'ai cherché pendant des années, car après la mort de mon frère, il y a eu une sorte de grand blanc. Au sein de ma famille, chacun se débattant seul dans sa propre souffrance, personne ne parvenait à accueillir la souffrance de l'autre. Nos liens familiaux sont faits de cette réalité… Aujourd'hui, je suis heureuse d'avoir dit merci à la vie ! Grâce à l'expérience de la coupure, je sais à quel point le contact de la vie en soi change le rapport au monde. Cette coupure, c'est comme une sorte de distance de soi à soi et puis de soi à l'autre… Apprendre à apprivoiser cette distance pour être en lien… Aujourd'hui, j'aide les personnes que je forme à la médiation à s'accueillir, à s'accepter dans la coupure pour retrouver le contact à soi. Si quelqu'un dit être coupé de ce qu'il ressent, je lui demande de rester en lien avec sa coupure et de la décrire. S'il reste en lien avec sa coupure, il n'est déjà plus coupé et peut sereinement accéder à nouveau à ses ressentis. C'est un chemin de conscience.

Inspirations

J'aime l'approche de Byron Katie, qui consiste à défier la pensée, car, pour elle, ce n'est pas la réalité qui est génératrice de souffrance, mais ce que construit la pensée à partir de la réalité. Elle propose un travail intérieur fondé sur cette simple question : *est-ce bien vrai ? Êtes-vous certain que c'est vrai ?* Par exemple, pour accompagner quelqu'un qui traverse des difficultés financières et qui est dans l'angoisse, elle va, par son écoute et son questionnement, mettre la personne en lien avec ce qui se passe vraiment dans l'instant : *en quoi est-on différent, que l'on ait + 5000 euros ou − 5000 euros sur son compte en banque, dans le moment présent?* En rien, sauf dans la pensée que l'on y met. Lorsque je suis récupérée par des pensées déprimantes et que je m'identifie complètement à ces pensées, je visionne une vidéo de Byron Katie et l'énergie circule à nouveau !

« C'est notre lumière et non pas notre ombre qui nous effraie le plus. » Cette expression du discours d'investiture de Mandela me guide et m'inspire. J'aspire à plus de vérité et de conscience, à un monde où les êtres humains soient en capacité de prendre leur vie à bras-le-corps en étant simplement à l'écoute. Cela m'attriste quand certaines religions créent à nouveau des discours de séparation, de radicalisation, oubliant le phénomène de balancier lié à toute expérience. Aujourd'hui, à travers le terrorisme, ne sommes-nous pas en train d'expérimenter des choses préparées il y a bien longtemps, d'après des modes de fonctionnement de sociétés, lesquelles, à un moment donné, ont agi sans conscience? Savoir se positionner fermement face à ces phénomènes et éviter de réagir de la même façon nécessite d'être en mesure d'écouter ce qui se dit derrière l'horreur. Ces événements inqualifiables devraient inviter chacun d'entre nous à regarder la « part terroriste » qui est en nous, celle qui pourrait par moments tout faire exploser. Si j'apprends à accueillir cette part en moi pour l'empêcher de prendre le pouvoir, je peux retrouver quelque chose qui circule en moi, le contact à la vie. Je vais peut-être alors commencer à regarder la planète différemment et, qui sait, découvrir des clés pour faire évoluer tout cela…

Une œuvre

J'aime beaucoup cette phrase de Rûmî : *« Il y a un lieu au-delà du bien et du mal et je t'y rencontrerai. »* L'unité derrière la dualité ! J'ai également envie de citer Krishnamurti : *« La plus haute valeur de l'intelligence, c'est l'observation sans jugement. »* On aborde là ce qu'il y a de plus subtil, de plus complexe pour l'être humain : savoir observer et laisser le cycle de la vie faire son œuvre. Enfin, j'aimerais évoquer *Les Voies du destin* (*The Railway Man*), un très beau film sur la compassion. Il raconte l'itinéraire d'un homme qui, après avoir été torturé par les Japonais pendant la Seconde Guerre mondiale, vit un traumatisme qui le coupe de la vie. Le réalisateur montre comment il parvient à se remettre au contact de tout ce qu'il a vécu, pour accomplir un chemin qui l'amène jusqu'à la compassion envers son bourreau. C'est grâce à la puissance de l'amour qu'il y parvient, car sa femme va rester à l'écoute, l'accompagner. À travers ce film, on comprend que pour se reconnecter à la vie, après avoir vécu la souffrance extrême de la torture, ressentir l'envie de tuer est même une étape du cycle par lequel il va devoir passer. Le cadeau au bout du chemin sera de ressentir de la compassion.

« Ce n'est pas tellement ce qu'on vit qui est important, c'est la manière dont on vit les choses. »

L'arbre, lien entre tous les hommes

Tristan Lecomte

Né en 1973 à Reims, diplômé de HEC, Tristan Lecomte s'engage très tôt dans la solidarité internationale à travers ses entreprises sociales Alter Eco et PUR Projet. Depuis la Thaïlande où il vit désormais, il développe de nombreux projets liés, notamment, à la préservation et la régénération des écosystèmes, en partenariat avec les communautés locales et les entreprises qui souhaitent compenser l'impact de leur activité sur l'environnement.

www.purprojet.com

C'est en voulant incarner dans ce livre une dimension éthique et responsable que j'ai souhaité donner la parole à ***Tristan Lecomte****. Sa démarche « PUR Projet » concrétise le lien sous plusieurs formes – lien avec la nature, les arbres, les agriculteurs, les villages, les entreprises, la distribution, les consommateurs…*

Conscient de la nécessité de soutenir les pays en voie de développement, Tristan Lecomte met toute sa connaissance et son énergie au service de l'éthique qui structure le commerce équitable.

Permettre à des entreprises de compenser le coût carbone en replantant des arbres est une idée à la fois originale et indispensable à la planète.

Tristan Lecomte est une personne généreuse, qui a su entraîner un mouvement au début de sa carrière professionnelle en créant Alter Eco et trouve sa maturité aujourd'hui avec PUR Projet.

En 1994, durant mes études à HEC, j'ai créé l'association Solidarité France-Népal, qui existe encore aujourd'hui et envoie chaque année des étudiants dans des villages effectuer des missions de solidarité internationale. Après HEC, j'ai fait un passage de deux ans chez L'Oréal, que j'ai quitté pour fonder Alter Eco – marque alors pionnière de produits bio et équitables, que j'ai développée jusqu'en 2011. Dans ce contexte, j'ai commencé à planter des arbres, au Pérou, pour l'un de nos fournisseurs de cacao, afin de compenser l'impact environnemental de notre activité. Cette démarche, appelée *insetting*, consiste à développer des projets climatiques à l'intérieur des filières des entreprises, afin de limiter leur empreinte carbone et d'améliorer la biodiversité de leur écosystème. Outre de multiples bénéfices sociaux et environnementaux, cela leur permet de sécuriser leurs approvisionnements, en qualité et en quantité, à moindre coût, car l'arbre est sans doute le meilleur investissement existant : il coûte 4 dollars et peut générer jusqu'à 14 dollars de bénéfice sur l'eau, sur les sols, sur la biodiversité, le social, l'économique, la diversification des revenus…

Des arbres et des hommes

C'est ainsi qu'en 2008 j'ai créé PUR Projet, une entreprise sociale accompagnant les entreprises désireuses de compenser l'impact écologique de leur activité à travers cette approche d'*insetting*. Plus récemment, depuis 2015, j'ai contribué à fonder IPI (International Platform for Insetting), association de loi 1901 qui réunit diverses entreprises engagées dans ces pratiques, telles que L'Oréal, AccorHotels, Nespresso, Guerlain, ainsi que des ONG comme WWF, des certificateurs comme Ecocert, des opérateurs de projet comme PUR Projet… Avec IPI, nous souhaitons participer au développement d'un mouvement mondial autour de l'*insetting* et encourager toute action d'innovation sociale et environnementale initiée à l'intérieur de la chaîne de valeur de l'entreprise, soit avec ses fournisseurs, soit avec ses clients, pour recréer du sens et recréer du lien à l'intérieur des filières et entre les hommes.

Une entreprise qui achète du cacao à un producteur en butte à des dérèglements climatiques, dans un écosystème dégradé, a tout intérêt à investir dans sa filière, auprès du producteur, pour régénérer cet écosystème et s'adapter à la nouvelle donne climatique. Le bio, le commerce équitable et l'agroforesterie permettent aux entreprises de réduire leur empreinte climatique, mais aussi de modifier leurs pratiques, de se réapproprier l'histoire de leurs produits et de créer un lien virtuel (ou même parfois réel) entre le consommateur et le producteur.

Au-delà de cela, l'arbre est profondément catalyseur de lien et génère d'innombrables bénéfices économiques, sociaux, environnementaux, culturels, spirituels… Nous descendons tous de l'arbre et toutes les cultures sont attachées à sa dimension spirituelle. C'est un vecteur de symboles essentiel permettant de faire le lien entre tous les citoyens, producteurs, consommateurs, entreprises, là où l'individualisme contemporain détruit ce lien en nous encourageant à l'accumulation des biens qui, loin de nous apporter le bonheur qu'on nous promet, ne fait que nous séparer les uns des autres. Toutes les spiritualités, au contraire, nous engagent à nous délester de nos biens matériels, à nous intéresser à l'être au lieu de nous focaliser sur l'avoir, afin de donner plus de place au lien humain, comme c'est le cas dans les sociétés les plus modestes.

Travailler pour la collectivité

Pour ma part, je n'ai d'autre souhait que celui-là : travailler avec de petits producteurs agricoles et les organiser en coopératives. La quasi-totalité de nos fournisseurs de projets sont des associations, des coopératives, des gens modestes qui ont choisi de se regrouper pour faire face aux enjeux auxquels ils sont confrontés – dégradation généralisée des écosystèmes, de leurs marges, de leurs conditions de santé, des conditions d'éducation… Ils vivent dans des contextes extrêmement fragilisés, gagnent en moyenne 500 euros par an, soit à peine quelques dollars par jour, n'ont ni moyens financiers ni soutien étatique, mais ne se résignent pas pour autant. Bien au contraire, ils prennent leur destin en main en créant des coopératives, en travaillant gratuitement pour la collectivité, parfois toute leur vie, avec le sourire. Je ne puis imaginer tâche plus gratifiante que celle de travailler pour ces gens devant lesquels on se sent humble, que ce soit pour acheter leur produit ou planter des arbres.

Pour eux, l'essentiel est de conserver le lien dans la communauté, que les enfants, les jeunes reviennent au village et n'aient pas l'envie de partir en ville et de consommer, mais de faire vivre les traditions. Dans le village où j'ai monté une petite ferme, près de Chiang Mai, au nord de la Thaïlande, pour une population n'excédant pas 100 familles, on trouve une association environnementale, une autre de producteurs bio, une association de personnes âgées, d'enfants… et énormément d'activités autour du monastère, géré par la communauté. Le lien est si fort qu'il s'apparente parfois à une forme de pression sociale, un vase clos, dont les plus jeunes veulent parfois s'émanciper.

En France, où le lien est bien plus distendu et les agriculteurs sont souvent très isolés, j'ai le privilège de présider la formidable association Fermes d'avenir, montée par Maxime de Rostolan pour développer des fermes permacoles dans tout le pays, financer les agriculteurs qui souhaitent se lancer en permaculture et en bio, les aider à planter des arbres. L'objectif est ici de recréer du lien entre le fermier et la société à travers le concept de « payculteur », qui consiste à regrouper quelques agriculteurs d'une même région et les encourager à travailler avec les autorités locales, les cantines scolaires, les supermarchés, les hôtels, à faire aussi de l'écotourisme, militer politiquement au niveau local… Il s'agit de sortir l'agriculteur de son isolement pour l'aider à accomplir sa transition bio et développer ses relations avec l'ensemble de son territoire. De recréer du lien dans les campagnes et d'aider l'agriculture à se développer autour de modèles multiproduits, multicanaux de distribution et multimétiers.

Éveiller les consciences

Il me semble que ce qui caractérise tous ces projets, c'est la multiplicité des parties prenantes : PUR Projet est avant tout un collectif, qui rassemble différents acteurs et ne travaille qu'avec des collectifs – coopératives ou associations environnementales au niveau local. Au niveau européen, nous développons des mouvements de mobilisation de citoyens, à travers d'autres collectifs qui sont leur « tête de pont » et entraînent de véritables dynamiques de groupe. Car le plus important n'est pas l'arbre que l'on plante ou le paquet de café que l'on achète à un producteur, mais l'impact que ces actions auront sur la société civile en matière d'éducation au développement, de sensibilisation aux thématiques environnementales et sociales. Il s'agit avant tout d'« éveiller les consciences », selon l'expression de Pierre Rabhi, et de recréer du lien entre l'homme et lui-même, de se retrouver soi-même et retrouver les autres, pour se dépasser au service d'un idéal, à travers la compassion et la préservation de la nature. À mon sens, l'écologie ne consiste pas à « défendre » la nature « contre » la ville ou l'économie, mais à « être » la nature, qui se défend et fonctionne suivant des systèmes d'interdépendance et de coopération – comme en témoignent les découvertes récentes en matière de phytosociologie (l'étude des liens entre les plantes, sous la forme d'échanges de nutriments, par exemple). Il me semble que si l'on veut prendre la nature pour modèle, il est plus judicieux de travailler sur la coopération que sur la compétition. C'est d'ailleurs la principale différence entre une entreprise et une entreprise sociale : cette dernière est obligée de passer par le lien entre les personnes – dans l'entreprise et avec le public – pour les faire adhérer au projet et créer de la valeur autour du sens qui est institué à l'intérieur de la filière du produit. C'est notre premier objectif : susciter l'adhésion pour faire aimer le produit, l'entreprise, et faire en sorte que tout le monde se retrouve autour de valeurs – en l'occurrence celle de l'arbre avant tout, qui est un catalyseur d'énergies positives et de ce que l'homme a de meilleur, à travers des projets concrets.

Nous sommes en train de détruire la nature alors que nous *sommes* nous-mêmes la nature. Pourquoi faut-il un pic de pollution pour que les personnes comprennent ce qu'est l'écologie ? Pourquoi faut-il la mort d'un proche ou la naissance d'un enfant pour justifier le passage au bio ? La question du climat est une question de solidarité, le protocole de Kyoto dit bien *« il faut aider les pays du Sud à se développer tout en préservant la nature »*. La compensation carbone est bien un mécanisme de solidarité entre pays riches qui polluent et pays pauvres qui ne polluent pas, sans investissement, pour faire face à ce dérèglement. La question climatique est une question de solidarité internationale. Mon souhait premier pour ce qui est de nos pays riches, où ce qui manque n'est pas le lien économique mais le lien social, est que nous retrouvions un équilibre entre l'être et l'avoir, entre l'homme et la nature.

Une invitation à retrouver ces liens qui nous révèlent ?

Je citerai *La révolution d'un seul brin de paille*, de Masanobu Fukuoka. Fukuoka invite à réellement changer d'attitude envers la nature, l'agriculture, la nourriture, la santé physique et spirituelle… Ce livre est une très belle référence au lien. Par ailleurs, j'aime beaucoup les films *Wall-e* et *Avatar*, et *Demain*, bien sûr, de Cyril Dion, au financement duquel nous avions d'ailleurs partiellement participé avec un don de 7 000 arbres pour animer une campagne de financement participatif.

« Nous sommes en train de détruire la nature alors que nous sommes nous-mêmes la nature. »

Le corps parle de soi

Josette Lépine

Comment allier langage du corps et langage du cœur dans la dynamique du changement ? Danseuse durant trente ans à l'Opéra de Paris, praticienne Feldenkrais, hypnothérapeute ericksonienne certifiée EMDR, coach certifiée PCC de l'International Coach Federation, Josette Lépine a relié ces trois domaines fondamentalement différents pour créer le *coaching somatique*.

Elle est l'auteure du livre *Le Coaching somatique ou l'Intelligence du corps en mouvement* (Éditions Valeurs d'avenir, 2012).

***Josette Lépine** est arrivée comme un ange dans mon bureau, à l'époque rue de la Paix, envoyée par René-David Hadjadj, pour me parler du projet d'école qu'elle était en train d'élaborer. Il s'agissait d'aider les jeunes de la génération appelée Z (16-25 ans) à travers la démarche de coaching somatique dont elle est à l'origine, s'appuyant sur son expérience personnelle et un réel savoir-faire du « savoir être » ou autrement appelé « intelligence du corps en mouvement ». L'idée était de leur permettre de pallier le décalage existant dans notre pays entre la formation intellectuelle, excellente, et le rapport au corps défaillant. Expérimenter par le biais de petits exercices avec leur corps et non verbaux la relation avec eux-mêmes et avec* *les autres. Qui mieux que cette ancienne danseuse de l'Opéra de Paris, dont le corps avait été à la fois si sublimé et tant maltraité, pouvait imaginer et mettre en œuvre une telle démarche ? C'est ainsi que nous avons débuté, ensemble, l'aventure de la Z'Academy. J'ai participé à la création de l'école en prenant en charge la partie marketing et communication, et j'ai co-animé des ateliers auprès de jeunes de 20-25 ans dans une école d'expertise comptable à Paris. Son enseignement et cette expérience à ses côtés ont ouvert en moi un espace plus intime à approfondir, qui m'a permis d'y apporter soin et écoute. Une évidence que Josette devait témoigner de son lien au corps dans ce livre.*

Être atypique, différente des autres, voire rebelle, avec des idées à l'inverse des poncifs classiques n'a pas toujours été facile à vivre. Depuis toujours, je suis intéressée, voire passionnée par le corps. Le corps provient d'un lien, et ce n'est pas parce que celui-ci a été coupé à la naissance qu'il n'existe plus. Comment imaginer que, lorsqu'un être vivant donne naissance à un autre être vivant, le lien ne subsiste pas même après la rupture du cordon ? C'est ce qui fait qu'une mère reste toujours en « lien » avec son enfant, même s'il est en Patagonie et elle à Stockholm ! Non seulement le lien a du sens, mais il est également sensoriel. Il est là, perpétuellement, avec les uns et les autres. On se rencontre, on se croise, on est en lien avec des personnes. Est-ce un hasard ? Une coïncidence ? Certains disent que c'est Dieu, d'autres évoquent la physique quantique. Si l'on est vraiment attentif à l'existence du lien et à ce qu'il représente, on ne peut qu'avoir du respect pour les autres par la pensée, par le cœur. La rencontre de soi est identique à celle des autres. Ainsi, il est impossible d'être en lien avec soi-même sans faire cette rencontre avec les autres, tant sont intimes les liens qui unissent tous les humains.

Danser

J'ai commencé la danse à l'âge de 3 ans, je suis entrée à l'Opéra à 8 ans et j'en suis partie à 35, pour des raisons médicales. À l'inverse de ce que l'on pense, le corps n'est pas respecté dans ce métier, notamment lorsqu'on le pratique à un haut niveau, à un rythme intensif. La danse, c'est tous les jours, malgré les douleurs, les souffrances, les pieds en sang.

Ma mère avait décidé que je serais danseuse. Elle voulait le meilleur pour moi, que je sorte de l'ordinaire, que je sois une star (mon prénom était une référence à Josette Day, célèbre danseuse des années 1940). C'était son moyen à elle de m'aimer, la manière dont elle concevait notre lien. Dure, implacable même, elle aimait l'hyperexigence académique de la danse, où chaque geste doit être parfait.

En 1970, à 35 ans, après un infarctus rénal, la médecine a jugé que je devais arrêter de danser, et même de porter mon fils et ma fille, âgés respectivement de 3 et 1 an. Comme je ne savais rien faire d'autre, j'ai été anéantie. J'avais dansé tous les ballets du répertoire, partout dans le monde. L'Opéra, c'était toute ma vie ! Je vivais avec les autres danseurs, nous voyagions ensemble, j'étais totalement intégrée à cette vie communautaire, où je baignais de 8 heures du matin jusque tard le soir, quand mon père venait me chercher. Je n'ai compris qu'a posteriori que c'était un sacerdoce, une souffrance même.

À l'époque, la danse, l'Opéra était mon pilier, solide, protecteur, bienveillant, mon lien sécurisant. Malgré les rivalités, on s'amusait beaucoup. Et puis appartenir à un « corps » de ballet, créer un spectacle, c'est magnifique ! Néanmoins, lorsque mon corps devait répondre à la créativité d'un chorégraphe, j'étais incapable d'improviser, de laisser parler mon cœur… Couper les liens qui m'unissaient à Terpsichore, muse de la danse, fut une dure épreuve que j'ai compensée comme j'ai pu – en l'occurrence avec l'alcool. Apprendre à tisser des liens naturellement bienveillants avec mon entourage fut un long parcours. J'ai traversé une période difficile qui m'a conduite à m'interroger sur le corps, le mouvement et à tirer de moi-même les ressources nécessaires à la reconstruction. Grâce à l'écoute attentive et consciente des réactions de mon corps, j'ai pu modifier mes comportements, m'extraire de mes conditionnements. Lorsque mes liens avec mon corps se sont adoucis, je me suis sentie libérée.

Se former

Quand j'ai cessé de danser, j'ai fait beaucoup de formations, du yoga, des arts martiaux, jusqu'au jour où j'ai découvert les méthodes du Dr Feldenkrais et de Gerda Alexander. Celle-ci a développé la pratique corporelle de l'eutonie, état d'équilibre dans lequel toutes les parties du corps seraient conscientes à un même degré de tension musculaire, en harmonie avec un équilibre neurovégétatif. Le jour où l'on m'a indiqué de trouver des directions pour mes membres, sans me corriger, sans m'imposer la direction à prendre, je l'ai trouvé à l'intérieur de moi-même. C'était l'inverse de ce que j'avais entendu durant trente ans à l'Opéra : *« Si ça ne fait pas mal, c'est que ce n'est pas bon! »*

J'ai fait six ans d'eutonie et en Feldenkrais, et j'ai mis des années à ne pas me faire mal puisque je ne savais pas faire autrement : le lien que j'avais avec moi-même était toxique et je ne me sentais vivante qu'en ayant mal. La méthode Feldenkrais demande une telle attention et un tel changement d'attitude par rapport à soi que cela peut faire peur, comme si on perdait ses repères, le contrôle de soi-même. Le contrôle n'existe plus, ici, puisque le bien-être est précisément l'inverse de la douleur.

Petit à petit, je me suis orientée vers le coaching, notamment grâce à une amie, qui m'a invitée à assister à une formation. J'aimais cela, cependant je sentais que quelque chose n'allait pas. Je gardais une insatisfaction, une frustration, un sentiment d'incomplétude, tout comme mes clients. En dépit de tout le respect que nous avions, quelque chose manquait.

Parallèlement au coaching, j'avais commencé des études d'alcoologie et de toxicologie, que je suis partie terminer à Montréal. Là-bas, dans le centre de désintoxication où je travaillais, j'ai rencontré des coachs souriants, avenants, proches de leurs clients, qui les aidaient réellement à sortir de leur addiction (alcool, médicaments, drogues, jeu, sexe), jusqu'au sevrage. Pour moi, cela a été une révélation !

Lorsque je suis revenue en France, j'ai eu l'idée d'introduire la dimension corporelle, le mouvement, la danse, dans mes séances de coaching. C'est ainsi que j'ai créé le coaching somatique.

Aujourd'hui, en tant que coach, j'apprends aux gens à respecter leur corps, à l'écouter, à tisser un lien avec lui, un lien d'écoute, d'attention, de respect, de plaisir. Afin d'être véritablement complet dans ce que l'on est, ce que l'on fait, il faut une cohérence entre la pensée et le corps. On dit toujours que les danseurs ont un beau port de tête, mais on oublie l'inversion de courbure, tant on demande au corps de technicité et d'efforts. Je suis très sensible au titre du livre du philosophe André Moreau, *L'effort est le signe de l'erreur*. Si l'on s'oblige à faire quelque chose et qu'intuitivement le lien avec notre corps n'apparaît pas, on lui demande de se taire, on ne l'écoute pas, on lui demande de faire un effort qu'il ne veut pas faire. Il a envie d'aller autre part, d'être autrement.

Le coaching somatique

J'ai créé le coaching somatique en 2005, en m'appuyant sur plusieurs méthodes, dont celles du Dr Feldenkrais, l'hypnose ericksonienne, l'EMDR, la PNL, AT, l'alcoologie… J'interviens auprès de chefs d'entreprise, cadres dirigeants, sportifs, coachs et artistes, et j'enseigne aussi ma pratique à l'international, en Europe et en Russie. Le coaching somatique regroupe l'apprentissage psychosomatique (relaxation/respiration), la dynamique du mouvement par l'étude des postures et leurs implications dans la vie quotidienne. Si le lien avec soi conditionne l'estime de soi, on est parfois obligé de faire des choses a contrario, puis cela devient une habitude. Mais qu'en est-il de la personnalité, de l'identité ? Qui suis-je ? Comment avoir confiance en moi puisque l'on me teste sur mon obéissance, non sur ma confiance en moi ? Comment l'être peut-il devenir ce qu'il est réellement ? Comment accéder à notre immense potentiel intérieur lorsque l'on a fermé toutes les portes ?

Platon dit qu'il ne faut pas s'occuper du corps, mais de l'esprit : c'est un dogme qui a conditionné la société. Aujourd'hui encore, dans le cadre de l'Éducation nationale ou du travail, on se doit d'être « comme il faut ». Comment vivre sans apprendre à tisser des liens avec soi ? « Soi » étant une entité conçue par le corps et l'esprit, n'est-ce pas ce lien qui fait de soi un être humain ? Comment faire le lien avec soi, avec la société, avec les personnes autour de soi sans avoir confiance en soi ? Avoir foi en soi implique qu'on se connaît, que l'on sait qui l'on est… Comment correspondre à ce qu'il faut être ? Si l'on ne se respecte pas plus que l'on est respecté dans son authenticité, comment être et devenir qui je suis ? C'est une forme de maltraitance ! C'est en tissant de véritables liens entre le corps et l'esprit, en recueillant à l'intérieur de soi la force d'un enfant libre qui cherche à s'exprimer. Jusqu'à l'âge de 7 ans, explique Françoise Dolto, la liberté de l'enfant est fabuleuse. S'il ne s'agit pas de le laisser faire ce qu'il veut puisqu'il n'a pas vraiment conscience de son corps, une forme de conscience de lui-même le porte parce qu'il est dans l'ocytocine (peptide de l'amour, aussi du lien social) de sa mère. Lorsque l'on va voir un bébé à la maternité, si on le prend dans les bras, immédiatement s'opère en nous un changement d'état d'être. Cet enfant libre vit à l'intérieur de nous ; dès lors, quand il est triste ou qu'il a mal, ne faut-il pas juste le toucher, le consoler, mettre le bras autour de ses épaules pour le contenir dans sa peine ? Si quelqu'un pleure, bébé ou adulte, c'est comme si toutes ses vibrations l'emmenaient à l'extérieur, il s'éparpille… N'avons-nous pas tous besoin d'être « contenus », d'avoir un lien chaleureux pour réchauffer un cœur attristé ?

En coaching somatique, il s'agit de demander à la personne d'expérimenter ce qu'elle vit au cours d'une situation difficile, en utilisant son corps comme outil de changement, en prenant en compte l'intelligence de son corps en mouvement. Le coaching somatique invite le coaché au changement, en liant le langage du corps et celui de l'esprit. Cette pratique invite le corps à une liberté consciente et créative où il peut accéder à un langage non verbal. Lorsque le corps, au service du mental, « prend la parole », le silence intérieur s'impose, se libère, puis passe dans la dimension du corps allié à l'esprit. Afin de s'exprimer, le corps en mouvement fédère ses sens, accède à sa spontanéité et s'invite dans une action consciente. La séance est guidée par le mouvement, l'improvisation mène les corps stimulés par les émotions, se donnant la liberté de créer d'autres alternatives. Concrètement, le client répond aux consignes, se plie ou se déplie, s'adapte à une disponibilité d'écoute, révélatrice de secrets intérieurs. Il se libère de ses entraves, s'invente, se donne, s'improvise jusqu'à vivre l'instant présent.

Bien sûr, les résultats dépendent de la qualité relationnelle entre les protagonistes, le coach et le coaché, reliés par le champ de conscience de ce qu'ils ont vécu durant la séance. Au cours de celle-ci, si je pense à autre chose, le client va le ressentir et le lien sera alors distendu. Entre deux êtres, il n'y a pas de vide. Les circulations énergétiques remplissent et comblent l'espace, devenant parfois palpables. L'énergie libérée circule, induisant son rythme aux vibrations des êtres vivants. J'aime l'hypothèse scientifique présentée dans le film *Water, le pouvoir secret de l'eau* : les molécules s'agenceraient en fonction de leur environnement. L'organisation et la coordination sont indispensables à tout ce qui bouge dans le monde. C'est comme s'il y avait une conscience universelle reliant tout ce qui bouge. La différence entre une personne qui agit consciemment et une personne qui agit inconsciemment, c'est que la première est reliée à elle-même et à l'environnement, tandis que l'autre est absente. Si je ne sais pas ce que je fais, je ne peux pas bien le faire. C'est pourquoi, afin de trouver cette cohérence avec moi-même, je pratique une méditation en pleine conscience en mouvement.

Un état modifié de conscience

Je pratique également l'hypnothérapie, ainsi que des thérapies systémiques en rapport avec l'état de transe. Certains jours, je m'applique à être en transe en dansant sur une musique. Ainsi, j'improvise : ce n'est pas moi qui décompose la musique, c'est l'inverse, la musique me porte. Toutes ces joies d'état modifié de conscience, j'ai voulu les transmettre à mes clients et à tous les stagiaires qui viennent en coaching somatique. Ma fonction est d'aider la personne à accueillir la joie ou la peine, de sentir à l'intérieur d'elle-même. Qu'est-ce que cela change en elle et comment voit-elle la vie à travers cela ? Comment le lien avec soi peut-il changer ? Afin de transformer une difficulté, il faut déjà accueillir ce qui va bien au-delà d'accepter.

La complétude ressentie dans un état modifié de conscience est une chose sacrée, parce que c'est la vie qui se présente à soi et qui fait du sens pour soi. L'environnement reste le même, mais soudain, on le voit différemment. Lorsque j'étais dans une salle de danse avant un examen, je me préparais pour faire mes pirouettes et je tournais – 1, 2, 3, 4, 5, 6 – puis je me posais, rassérénée. Que m'était-il arrivé ? J'ai pris conscience, au moment où je tournais, du moment présent, du passé et du futur en même temps. J'avais la sensation d'être alignée, et, en même temps, je sentais autour de moi l'environnement présent, vivant. J'avais l'impression de vivre comme si vingt années s'étaient écoulées ! À l'époque, cela a complètement changé ma façon de voir. Par la suite, guidée par ma curiosité, j'ai continué à chercher et à faire des expériences avec des chamans, lesquels expliquent ce genre d'état de conscience modifié.

S'adresser à l'enfant

Aujourd'hui, des chefs d'entreprise, musiciens, danseurs, acteurs, artistes viennent me consulter. Grâce au coaching, ils retrouvent la façon dont ils sont, dont ils vivent, dont ils approchent leur propre corps, leur identité… Si les personnes reviennent, c'est parce que j'ai su toucher l'enfant qui est en eux, l'enfant libre qui est là, et je propose à cet enfant de faire quelque chose qu'il ne fait plus depuis des années. La joie est si présente que d'un seul coup, ils lâchent prise ! Je ne m'adresse pas au super boss, je m'adresse à l'enfant… Vu de l'extérieur, le problème n'aura pas changé en fin de séance, c'est la manière d'envisager le problème qui aura changé. Comme le client va le regarder avec d'autres yeux, avec un sentiment différent, il va l'étudier et fréquemment, va trouver les solutions. Quoi qu'il advienne, il se regarde avec plus de bienveillance. Le challenge est gagné !

Je remarque que ces clients, souvent très différents, ont en commun d'être ouverts aux autres, au monde, à la nature et également à un monde ésotérique. Ce sont des thématiques qui me passionnent depuis mes 13 ans, lorsque j'ai découvert *Le Matin des magiciens*, de Pauwels et Bergier. À l'époque, j'ai commencé à m'intéresser à ce que je ressentais en profondeur et, parallèlement, des événements auxquels je ne m'attendais pas sont arrivés. Je pense qu'au-delà de tout ce que l'on voit, il existe un monde énergétique, un monde de vibrations. Durant mes études, j'ai fait des formations en graphologie et en morphopsychologie, mais c'était très intellectuel ! Comme j'avais besoin d'une autre dimension, celle du sacré, je l'ai amenée dans le coaching somatique. S'il m'arrive fréquemment de donner un livre ésotérique à lire à un client, il faut préalablement que nous soyons en lien. Cela commence dès le début au téléphone, ou un mot sur Internet : le style, la façon de poser les mots…

Un souhait

Humblement, j'ai formé presque 700 personnes au coaching somatique, qui sont entrées en conscience avec elles-mêmes, ont appris à avoir une relation différente avec elles-mêmes et avec les autres. En 2012, c'était l'objectif de l'association Coaching Somatique qui institue le corps en mouvement comme acteur et levier de changements professionnels et personnels. Avec ce principe, petit à petit, parce qu'elles ont un corps et un cœur dans ce corps, les personnes peuvent être dans la bienveillance. Quand j'ai découvert la méthode Feldenkrais, je l'ai fait connaître à tous mes amis danseurs à l'Opéra. Pour la même raison, en 2014, j'ai fondé la Z'Academy afin de développer le potentiel des adolescents et jeunes adultes au travers de stages et d'ateliers ludiques. Et je leur dis : « *Mettez ce que vous avez fait à la portée de tous ceux qui sont mal à l'aise dans l'entreprise, vous ferez des heureux!* » L'objectif de la Z'Academy, c'est de transmettre la vie, d'apprendre à vivre avec soi, avec l'autre. Savoir être pour savoir mieux faire.

J'ai une foi, une foi chevillée au corps, parce que je crois en l'être humain, lequel a été enfermé dans des principes, des a priori, des carcans, des habitudes, des dogmes. Je suis anti-dogmes. Ma foi, c'est de croire en l'être humain, en la destinée, croire qu'il y a quelque chose qui nous guide. À nous de trouver le guide! Ainsi, le corps est un indicateur, un révélateur et un guide. Écouter, entendre et respecter notre corps serait peut-être une continuité envers le lien sacré qui nous a conçus.

Je rêve que l'on puisse apprendre de soi, pour soi, par soi. Si l'on est étranger à soi-même, il est impossible de tisser des liens avec les autres et j'en suis la preuve vivante! Lorsqu'on apprend de son corps et qu'on le relie à son esprit, on est complet, on est dans un système global avec soi, avec son cœur, avec sa conscience. On apprend par soi, on ne peut pas apprendre pour l'autre. Il importe à chacun d'apprendre à découvrir son vrai potentiel, autrement dit de tisser un lien de qualité entre soi et soi. C'est un exercice sensoriel vers l'infiniment petit, vers la sensation la plus fine. Et plus le geste est délicat, plus on entre vraiment en relation avec soi.

Une invitation à retrouver ces liens qui nous révèlent ?

L'un de mes livres de chevet, en plus des ouvrages de Krishnamurti, est *Le chemin le moins fréquenté*, du psychiatre Scott Peck.

En conclusion, je pense que la résonance et la communication se propagent à partir du mouvement et de nos déplacements dans l'espace. Liées au souffle et guidées par nos pensées, sensations et émotions sont indissociables. Tout est relié. Notre système nerveux et la plasticité neuronale sont la forme d'intelligence la plus avancée. Personnellement, tant que mon corps n'était pas entré dans le champ de conscience de la relation, j'ai eu du mal à créer des liens. Après avoir accepté d'écouter mon corps et son langage, petit à petit, j'ai appris à le respecter et l'aimer. Le lien avec soi induit les liens avec les autres et notre environnement.

« La joie est si présente
que d'un seul coup,
ils lâchent prise ! »

L'autisme, le lien du silence

Mathilde Brasilier

Née en 1959 à Paris, Mathilde Brasilier a exercé en tant qu'architecte DPLG de 1983 à 2007. Elle a travaillé comme urbaniste pour le développement des villes nouvelles, notamment à Marne-la-Vallée. Depuis 2007, elle collabore comme journaliste au *Nouvel Observateur*, *Challenges* et *Sciences et avenir*.

En 2015, elle a publié un premier livre autobiographique, *Il y avait le jour, il y avait la nuit, il y avait l'inceste* (Éditions Mélibée), dans lequel elle évoque le phénomène d'amnésie traumatique. Le livre a été sélectionné pour le prix de l'Autobiographie 2016.

Avant tout, ***Mathilde Brasilier*** *a d'abord été une lectrice de mon blog. Puis nous avons rapidement échangé autour de nos sensibilités et aspirations communes, et avons eu envie de nous rencontrer. Elle m'a invitée au lancement de son livre, qui raconte l'inceste dont elle et son frère ont été victimes, par leur père, dans leur enfance. Lien familial, lien avec le corps, lien avec son fils, avec sa fille, aussi. Quelle écriture ! Je vous invite à la lire, car son écriture, malgré ce qu'elle nous dévoile avec courage de sa vie dans l'intention de* *prévenir, s'émancipe, s'envole, foisonne de métaphores, de rythmes, de vie ! Une agilité d'écriture assez extraordinaire… C'est avec cette expérience, cette conscience aiguë de l'adversité, de la nécessité vitale autant que de la fragilité du lien qui l'imprègne depuis toujours qu'elle s'est impliquée dans le projet de ce livre. Suite à l'annonce de la maladie de Stéphanie (Leclabart, voir son témoignage p. 185), Mathilde m'a rapidement proposé son aide. Ce qu'elle fit sans relâche et de façon remarquable en prenant le relais de Stéphanie pour rédiger les transformations nécessaires à partir des retranscriptions d'origine de Stéphanie. À la différence de Stéphanie, Mathilde n'avait pas assisté aux interviews. Je n'oublierai pas ce moment. J'ai expérimenté le lâcher-prise en appréciant la qualité du travail de Mathilde. Telle une artiste à l'œuvre, j'étais à ses côtés pour lire, valider avec elle et comprendre sa manière de travailler. J'avais confiance. Ce qui m'a permis de pouvoir faire le lien en expliquant les transformations et rassurer les 15 témoins du livre. Car en fonction de la personnalité et du chemin de conscience de chacun, les réactions ne sont pas les mêmes, c'est la richesse d'un collectif ! Mathilde comme Stéphanie a beaucoup contribué à la réalisation de cet ouvrage. Je lui suis très reconnaissante.*

Je suis née en 1959, à Paris, dans le quartier de Saint-Germain-des-Prés, mon père étant architecte, prix de Rome, et ma mère, sculptrice. Après ma formation d'architecte DPLG, j'ai exercé une fonction d'urbaniste pour étudier l'extension urbaine et l'évolution sociologique des villes nouvelles autour de Paris, notamment Marne-la-Vallée. Il s'agissait essentiellement d'un travail rédactionnel puisque je constituais les dossiers d'urbanisme avant de les présenter aux collectivités territoriales.

De 1992 à 2002, j'ai interrompu mes activités professionnelles pour accompagner au quotidien mon fils, Louis, qui est autiste, notamment dans tout son suivi thérapeutique et pédagogique. Lorsqu'il a eu 13 ans, j'ai pu reprendre ponctuellement le travail.

Je me suis alors reconvertie dans le secteur de la presse, en lien avec l'architecture. Écrire, c'est depuis toujours mon champ de prédilection, un moyen privilégié d'être connectée aux autres. J'aime le langage, la communication, le fait de juxtaposer les mots les uns aux autres, comme une musique… Jusqu'en 2010, j'ai ainsi travaillé comme journaliste pour le *Moniteur* et les *Cahiers techniques du bâtiment*, puis j'ai rejoint le groupe de presse de *l'Obs*, *Challenges* et *Santé Magazine.* J'ai écrit un premier livre en 2015 et, aujourd'hui, j'en écris un deuxième, tout en poursuivant mon travail de journaliste.

Lire

Les livres développent beaucoup le lien, la relation aux autres autant qu'à soi-même, à travers l'imaginaire. Ils sont aussi une possibilité d'échanges « neutres », une base de partage.

J'avais 12 ans lorsque j'ai découvert *Le Rouge et le Noir*, de Stendhal, et je garde au cœur l'émerveillement d'un véritable apprentissage. Comment ne pas jubiler à la lecture du passage où Julien Sorel arrive chez Mme de Rênal ? Aujourd'hui, je lis toujours beaucoup, je relis aussi sans cesse, avec la même avidité qu'à l'adolescence.

À travers l'imaginaire, parce qu'ils nous permettent de nous mettre à la place de quelqu'un d'autre, les livres nous rendent moins égoïstes et nous aident à connaître d'autres vies, à comprendre les autres. Lorsque je lis, dans *Du côté de chez Swann*, le passage où le narrateur attend le baiser de sa mère, je suis en symbiose avec lui, je ressens ses émotions, j'attends, moi aussi, le baiser maternel du soir.

Et puis il y a une sensualité dans le livre : l'odeur du papier, le toucher… Au-delà de sa valeur en tant qu'objet, le livre génère du lien avec le passé, avec l'histoire, avec les autres. L'autre jour, dans l'émission *Remède à la mélancolie*, sur France Inter, la journaliste a demandé à François Busnel quel serait son remède à la mélancolie. Il a répondu : *« Les livres. »* Je partage entièrement son avis. Toutes les œuvres artistiques ou culturelles, notamment les livres, ouvrent une fenêtre. Elles sont toujours là, stables, authentiques. Elles sont notre référence, notre lien avec le passé et le présent, comme une belle respiration.

Des liens vitaux

Je crois que le lien avec soi-même permet de mieux cerner ce qui est « bon » pour nous, ce dont nous avons besoin. Les relations toxiques ou conflictuelles, les tensions, nous détruisent sur le plan psychique et physique, au point de générer des maladies. Nous avons le besoin vital de nous en libérer, de nous entourer de personnes positives, même s'il n'est pas toujours évident d'identifier les personnes malintentionnées, qui nous fragilisent. Mais il faut s'efforcer d'être lucide, de se mettre à distance. Plus on est en cohérence avec soi-même, au sens étymologique du terme – *cohaerentia*, en connexion –, plus on est solide, disponible pour être en relation avec les autres. Je pense qu'être en lien avec soi-même est la base du lien avec les autres et non l'inverse.

Personnellement, j'ai fait « le choix du bonheur ». Quels que soient les événements qui surviennent, c'est une résolution, au quotidien. À mes yeux, l'exercice du bonheur, c'est la clé du bien-être.

Je parle d'un bonheur inconditionnel qui ne relève pas de l'utopie, mais qui est construit, travaillé, façonné, jamais définitif, un peu comme un travail de sculpteur, « à la Rodin ».

Louis, le lien

En 1992, à l'âge de 2 ans et demi, mon fils Louis a présenté des symptômes autistiques. Son vocabulaire, qui était d'à peu près 50 mots, s'est réduit à quatre. Ç'a été un choc, mais aussi une chance, une rencontre avec ce que l'être humain a de plus authentique. Lorsque Louis a cessé de parler, son silence m'a transformée, il a fait de moi une autre que moi-même.

C'est dans ce contexte que j'ai rencontré Catherine Dolto, qui a confirmé le diagnostic d'autisme puis engagé une prise en charge hebdomadaire de Louis. De séance en séance, auxquelles j'assistais toujours, elle a décelé chez moi des signes « particuliers » et m'a proposé un suivi thérapeutique en haptonomie – qui, au sens étymologique, *hapto, hapten*, signifie « toucher », au sens affectif d'« unir » ou de « créer » une relation pour guérir, et *nomos* qui désigne les lois, mais aussi la mesure. Grâce à sa pratique, elle a su « ouvrir » des portes sur des souvenirs traumatiques occultés par trente ans d'amnésie.

Ma mémoire a en quelque sorte été « réveillée » par une image spectrale, constituée de flashs-back, qui a ressuscité un passé traumatique en reconstituant les « blancs », qui étaient comme les pièces égarées d'un puzzle. J'ai su alors que mon frère Fabien, âgé d'une année de moins, et moi avions été victimes d'inceste, de l'âge de 5 ans jusqu'à nos 10 ans. À la différence de mon frère, qui s'est suicidé à l'âge de 24 ans, l'amnésie m'avait « protégée » durant toutes ces années. Néanmoins, je présentais certains troubles fonctionnels apparents, tels que des insomnies chroniques, depuis l'âge de 8 ans.

Se réconcilier

Malgré la douleur, reconnaître la réalité de l'horreur que j'avais vécue a été pour moi une libération. Du jour au lendemain, je n'avais plus le sentiment d'être poursuivie par un fantôme que je ne pouvais nommer... Lorsque les souvenirs me sont revenus, j'ai retrouvé le lien avec moi-même, je me suis réconciliée (ré-conciliée).

Lorsque le voile de l'amnésie s'est « levé », j'ai passé une nuit entière à poursuivre un tracé qui n'existe nulle part. J'ai passé la nuit à attendre, à me perdre, à même ne plus « être ». *Je suis. Tu es. Il est. Nous sommes. Qui êtes-vous?* Ce type de rêve, comme une parenthèse, était mon ordinaire, jusqu'à ce jour du 9 septembre 2000, où me sont revenues les séquences traumatiques.

Après m'être extraite de ces trente années d'amnésie, j'ai vécu une forme de résilience où j'ai refait le lien avec moi-même, avec les autres aussi.

À la suite de cela, je n'ai plus jamais revu mon père. Quand celui qui vous a donné la vie vous détruit lui-même, vous perdez votre enveloppe extérieure. La thérapie a reconstruit « ma coquille d'œuf ». Lorsque l'enveloppe a été réparée, j'ai retrouvé ma sécurité et définitivement depuis que mon père est mort.

Le 19 mars 2005, cependant, cinq ans plus tard, grâce à mon fils qui avait alors 15 ans, je l'ai appelé. Ce jour-là, Louis m'a mis entre les mains le film d'Almodóvar, *Parle avec elle*, avec insistance, comme si la raison pour laquelle il faisait cela n'était pas en lui, mais en moi. Alors, je l'ai appelé. Ce 19 mars, le tic-tac reptilien du temps, ça a été ces minutes avec mon père, rien d'autre. J'avais besoin de ce rendez-vous, d'échanger avec lui, de l'entendre me demander pardon. N'est-ce pas une vraie chance ? Ce jour-là, notre relation a peut-être ressemblé à celle d'un rescapé des camps retrouvant son tortionnaire, après des années.

Mon père est mort le lendemain, il s'est vraisemblablement suicidé. Je pense qu'il attendait de faire ce lien avec moi pour partir. Je me suis sentie délivrée, mais je n'ai jamais vu avec une telle précision la marque de la vie sur mon corps, la vie réelle, la vie humaine, celle qui, au contraire de m'appartenir, appartient aux autres.

Aujourd'hui, Louis a 27 ans, il dit toujours quatre mots, mais il recèle des forces insoupçonnées… C'est lui qui crée le lien, à chaque étape de ma vie. C'est grâce à Louis que j'ai rencontré Catherine Dolto, grâce à qui je suis sortie de mon amnésie. Grâce à Louis, encore, j'ai téléphoné à mon père la veille de sa mort… Que dire de plus ? Louis, n'est-il pas le lien ?

Mes enfants, Elsa et Louis, je les aime infiniment tous les deux. Louis me bouleverse, peut-être parce qu'il ne se met pas en scène, peut-être parce qu'il a cette façon de permettre à l'autre de devenir ce qu'il est… Certains êtres possèdent une signification que nous n'avons pas, qui nous manque. Louis n'est jamais tout à fait où on l'attend, ni celui qu'on attend. Dans mon livre, je décris ce moment où j'ai compris que Louis n'était pas comme les autres enfants : *« Je l'appelle. Alexis ne se retourne plus. Entre les guillemets de mes bras qui l'attendent, il ne vient plus. Une nuit a suffi pour qu'il se couvre de cette neige fragile, dont on imagine mal qu'elle puisse résister au froid de l'enfermement automnal. Je traverse Paris sans même me retourner. J'ai le droit, celui de n'être qu'avec lui. Je subis le regard des autres comme un viol. J'ai envie d'aimer comme on a envie de pleurer* ». Au centre de son univers, ce n'est pas le non-sens que l'on trouve, mais un sens que l'on déchiffre mal, parce qu'il éblouit…

Depuis près de dix ans, je vis l'immense épreuve d'être « coupée » de mon autre enfant, ma fille Elsa, aujourd'hui âgée de 30 ans. Pourquoi le lien s'est-il distendu, alors que notre relation mère-fille était si harmonieuse ? Sans en avoir la certitude, je pense qu'Elsa a été, comme moi, victime de mon père et m'en attribue inconsciemment une forme de responsabilité… D'où cette forme de lien qu'elle a choisie, vraisemblablement pour « survivre ». Je lui écris, je pense à elle chaque jour, elle est là, très présente à mon cœur, et je sais qu'un jour elle se mettra en mouvement vers moi. J'y crois. Je fais confiance.

Écrire

En 2015, j'ai publié *Il y avait le jour. Il y avait la nuit. Il y avait l'inceste*. C'est le récit des événements, heureux et malheureux, qui ont marqué ma vie, jusqu'à ce tracé de résilience. Sur la quatrième de couverture, l'éditeur a retenu cet extrait : *« Je suis chaque matin l'enfant qui arrive à l'école sans ses chaussures, en pleurant, mais quelle chance… son père est venu jusqu'à l'école, en courant le long du boulevard Saint-Germain pour que sa petite fille ait ses chaussures aux pieds et s'arrête de pleurer. Et que la honte d'avoir les pieds nus, elle est dérisoire face à une blessure en sept lettres qui commencerait par la lettre "I" et ne se terminerait jamais. »*

Ce livre, c'est mon histoire. Après trente années d'amnésie, j'ai eu la chance d'en sortir indemne et résiliente. À mes yeux, l'important n'est pas de guérir, mais de parvenir à vivre avec ses maux. Ainsi, ce texte s'est imposé, presque malgré moi, m'obligeant à toucher le point extrême de ma vie, où l'être s'était irrémédiablement défait. Cette enfance rythmée de malheur et de bonheur, j'ai voulu l'inscrire sur le papier, la décrire, la « partager ». Aujourd'hui encore, je me sens un peu en faute quand je ne partage pas ce qui m'arrive. À travers ce livre, j'ai voulu dire aux personnes victimes d'inceste que la résilience était possible.

Sans avoir la prétention de contribuer à quoi que ce soit à travers mon livre, j'espère humblement contribuer à une prise de conscience collective. Je pense que, de toutes les atteintes à l'intégrité d'un enfant, l'inceste est une des formes les plus violentes et traumatisantes. J'espère contribuer à ce que les enfants aient le droit d'être entendus, d'être défendus, d'être protégés, en France comme partout dans le monde, et que des personnes victimes d'inceste parviennent à cette résilience que j'ai connue. Guérit-on jamais de son enfance? Fréquemment, après ce traumatisme incestuel, les personnes somatisent et vivent des dépressions à répétition, des troubles suicidaires, voire des passages à l'acte… Car sans l'accompagnement d'un professionnel, le lien est coupé, la douleur se retourne contre soi et le suicide s'avère la seule issue.

Ce fut le cas de mon frère Fabien qui, le 6 mars 1985, s'est jeté du haut du musée Beaubourg en laissant cette lettre : *« J'ai connu des moments de bonheur, mais je sais maintenant que je ne changerai pas. Je suis seul responsable de mon suicide. Ne soyez pas tristes. Sachez accepter le fait accompli. »* Mon livre lui est dédié.

Au sujet du suicide, je rejoins la pensée d'Albert Camus qui exprime, dans *Le Mythe de Sisyphe*, que, si le passage à l'acte est permis, c'est dans l'une des situations où un homme est de trop au milieu d'une famille et où sa mort rendrait la paix à tous ceux qui ont troublé sa vie.

Le soir où Fabien est mort, quand j'ai appris qu'il était tombé, d'un coup, sur le sol, j'ai eu *l'idée*, l'idée seulement, qu'il avait perdu la vie. La rupture, inimaginable, de ce lien était presque abstraite. Quelle blessure indicible de réaliser que plus jamais personne ne m'appellerait comme il m'appelait… En réalité, je n'ai pas souffert tout de suite. Mon apparence n'avait pas changé, j'en voulais à mon corps de ne rien exprimer. Parfois, je l'appelais même au téléphone, jusqu'au jour où il m'a fallu admettre qu'il ne répondrait plus jamais. Aujourd'hui, alors que la chute de mon frère a eu lieu il y a plus de trente ans, elle a substitué à ma vie une rupture contingente, une « blessure » de lien jamais cicatrisée. La chute, c'est comme un appel qui n'appelle rien ni personne. Cette mort a laissé en moi une trace indélébile qui, paradoxalement, me donne une hyperénergie à vivre.

Mais en écrivant, je voulais témoigner de ce que nous avions vécu. J'ai pensé que l'encre écrite sur la feuille blanche me rendrait en vie le corps de Fabien et, en quelque sorte, donnerait sa forme à l'espoir. Écrire, c'est une réflexion aboutie, c'est un lien. Ainsi, j'ai voulu traduire l'intraduisible, dire de quel prix se paye une fracture irrémédiable, un écart avec les autres et soi-même, dont personne ne sort indemne. Écrire, c'est recréer le lien.

Lorsque les souvenirs sont écrits noir sur blanc, cela constitue un moyen de se distancier d'un réel traumatique. Dès lors que la communication s'établit par un « je » revendicatif, l'inscription cathartique de l'écriture permet de prendre ses distances. J'ai ainsi pu transcrire tous les faits avec une précision presque chirurgicale, les analyser, les expliquer, attribuer une cohérence à ce qui n'en a pas. Je pense que plus on rassemble, plus on pardonne, plus on recrée du lien. Le pardon est nécessaire à la reconstruction, il intervient dans le travail de reconstruction psychique et de réappropriation : la résilience… Cependant, si par l'intelligence il est possible de dépasser la douleur, le corps meurtri, lui, n'oublie jamais : le visage de mon père m'apparaît chaque soir avant un sommeil auquel je n'accède qu'à l'aide d'un somnifère.

L'écriture cathartique parle aussi beaucoup de la valeur du lien avec la nature, qui nous a beaucoup aidés, mon frère et moi. Nous connaissions par cœur la couleur des ciels, l'inclinaison des arbres, le souffle du vent, les derniers assauts d'un soleil estompé, les orages qui lavent les ciels… Il faut se voir, se regarder, regarder le ciel, voir les arbres, regarder tous les éléments naturels que nous avons sous les yeux chaque minute, chaque jour, chaque mois, chaque saison.

Croyances

J'ai été élevée dans le milieu catholique de l'église Saint-Germain-des-Prés. Depuis l'adolescence, je suis athée, néanmoins, je n'envisage pas que l'on ne soit en vie que durant notre existence terrestre, et je reste persuadée qu'il existe une dimension spirituelle, au-delà de celle, matérielle, que nous connaissons. Certains jours, j'ai besoin d'écrire des choses qui m'échappent en partie, mais qui précisément sont la preuve que ce qui est en moi est plus fort que moi… Si mon frère est mort le 6 mars 1985, pour moi, il n'est pas « réellement » mort, il reste vivant : je n'envisage pas qu'il n'y ait « rien » après la mort.

Une invitation à retrouver ces liens qui nous révèlent ?

Mon plus grand rêve pour cette humanité est la paix. Devant les perspectives anxiogènes qui s'ouvrent à nous, la paix apparaît plus que jamais comme le combat essentiel. De la même façon que le mal, dans le monde, vient presque toujours de l'ignorance, la bonne volonté, si elle n'est pas éclairée, peut faire autant de dégâts que la méchanceté. En manifestant chacun un peu plus de respect et moins d'indifférence, on construit le lien. Aujourd'hui, je souhaite qu'il y ait moins d'isolement, moins d'indifférence, surtout à l'égard des personnes âgées ou handicapées.

La veille du jour où mon frère s'est suicidé, j'avais remis au lendemain une discussion que je devais avoir avec lui… Lorsque l'autre nous appelle, soyons là pour l'entendre. Prenons le temps. Bien sûr, je ressens une culpabilité… Quand on voit la souffrance de l'autre, quand l'autre meurt, on voudrait mourir à sa place, mais c'est trop tard, c'est viscéralement trop tard. Alors vraiment, je souhaite la paix. Je relis cet extrait des *Justes*, d'Albert Camus, que mon frère avait laissé sur son lit, ouvert à cette page, avant d'aller se suicider à Beaubourg : *« Ne marche pas devant moi, je ne suivrai peut-être pas. Ne marche pas derrière moi, je ne te guiderai peut-être pas. Marche juste à côté de moi et sois mon ami. »*

Une œuvre

« Sans la musique, la vie serait une erreur », écrit Friedrich Nietzsche. Lorsqu'on écoute de la musique, on accède à quelque chose de spirituel, de mystérieux, d'indéfinissable… Celle de la pianiste Hélène Grimaud me régénère au-delà de tout. De plus, j'aime le contact charnel qu'elle développe avec la nature, notamment ses loups, et ses mots, qui me semblent illustrer parfaitement mes propos sur le lien : *« La musique s'est-elle emparée de moi parce qu'elle est le prolongement du silence, ce silence qui la précède toujours ? La musique est l'accès à un ailleurs de la parole, que la parole ne peut pas dire et que le silence dit pourtant, en le faisant. Une musique sans silence, qu'est-ce, sinon le bruit ? […] Même au bout du monde, aux antipodes ou aux tropiques, on reste toujours prisonnier de ses angoisses. L'enfer, ce n'est jamais les autres, l'enfer, c'est soi-même : la seule personne à laquelle on*

ne peut échapper… Il y a une puissance rédemptrice de l'art : il renouvelle ce lien à l'Amour, à qui on peut donner tous ses autres prénoms : Création, Joie, Compassion. Je suis dans l'espace. Je l'occupe. J'habite l'intervalle entre les loups, la musique, l'écriture. Et c'est là que je suis le mieux. »

« Je pense qu'être en lien avec soi-même, c'est la base du lien avec les autres et non l'inverse. »

Aider les autres et se réparer

Éric de Gentil-Baichis

Né en 1967 à Paris, Éric de Gentil-Baichis a commencé sa carrière comme manager et responsable auprès de grosses équipes chez Auchan durant dix ans, avant de rejoindre la Fnac comme responsable régional des ressources humaines et affaires sociales, durant six années.

Il s'est ensuite orienté dans le coaching professionnel et accompagne aujourd'hui les dirigeants et chefs d'entreprise au sein du cabinet Équilibre à Nantes, dont il est codirigeant. Tourné vers les autres, il est également très engagé dans la vie associative de sa région.

Il a notamment publié, avec son épouse, Élisabeth de Gentil-Baichis, *La vie quand même* (Éditions La chronique sociale, 2013) et *Oser vivre, lettre ouverte d'un homme ordinaire, pour se réveiller et choisir sa vie* (autoédition, 2017).

equilibre-nantes.fr

Ancien de la Fnac, j'ai eu l'occasion de rencontrer ***Éric de Gentil Baichis*** *à Nantes en 2008, grâce au bon conseil d'Amélie, une amie et collègue de la Fnac. Éric était devenu Directeur du bureau Right Management. J'étais en pleine transition professionnelle avant de me mettre à mon compte. Cette rencontre m'avait permis d'avancer dans ma réflexion. Désormais « passeur » exerçant ses missions autour de l'accompagnement en tant que consultant associé, coach au sein de sa structure ÉQUILIBRE Conseil & Formation, nous avons gardé contact. J'ai été impressionnée par le chemin de reconstruction qu'Éric (et son épouse Élisabeth) a parcouru après le suicide de leur fille adolescente. Il a réussi à traverser, à digérer et à transformer ce drame pour le transmettre, en faire désormais le sens de son action, au point de dire qu'en quelque sorte, sa fille lui a offert la possibilité de voir, d'aller plus loin, d'acquérir des capacités dont il ne se savait pas capable. Cela l'a amené à intervenir en prévention du suicide, pour détecter des situations de détresse où des individus seraient au bord du passage à l'acte – ce qu'il n'a pas « su » faire avec sa fille, du moins le formule-t-il ainsi. Quand j'ai voulu écrire ce livre, la présence d'Éric parmi ces témoins, qui se sont engagés corps et âme à partager les fruits de leur expérience, vers des chemins lumineux, s'est imposée comme une évidence.*

Au niveau professionnel, j'exerce de façon classique le métier de coach, ainsi que celui de médiateur et d'intervenant en entreprise. Néanmoins, l'activité qui me tient le plus à cœur est celle que je pratique en milieu associatif. Dans la mesure, cependant, où tout est lié et complémentaire, je ne fais pas de distinction entre ma vie personnelle et professionnelle. Coach, médiateur, intervenant, engagement personnel et associatif : tout m'intéresse !

La rencontre et la découverte sont au cœur de toutes mes activités. Ce qui guide mon action, lorsque je rencontre quelqu'un pour une intervention ou pour un coaching en entreprise, c'est d'abord l'écoute, la découverte. Chaque fois, c'est une nouvelle aventure ! Aujourd'hui, avec le recul de ces six années, je peux dire que pas un coaching ne ressemble à un autre : chaque situation est unique. Ainsi, dans une même entreprise où des problématiques sembleraient pratiquement identiques, c'est chaque fois une rencontre différente. Auprès de quelqu'un qui connaît des difficultés professionnelles et personnelles, j'apporte ma propre expérience, et ce que je propose est vraiment plus lié à ce que je suis, ce que je ressens face à ce problème en particulier, qu'à de la théorie bien établie. Je sors de la théorie pour être vraiment dans la pratique.

Qu'il s'agisse de coaching ou d'interventions en entreprise, en individuel ou en collectif, je ne fais que du « sur-mesure ». Par rapport à la médiation, il s'agit bien évidemment de remettre les personnes en lien, de les aider à développer de l'empathie l'une pour l'autre, ou d'une équipe pour une autre, puis de les aider à se parler à nouveau et d'envisager des solutions. J'avance progressivement, avec mes « capteurs » très ouverts, sans a priori ni jugement, de telle sorte que les personnes, face à moi, finissent par s'ouvrir.

En 2016, je suis intervenu sur un sujet à la fois professionnel et personnel, puisqu'il s'agissait de gérer les conséquences d'un suicide ayant eu lieu au sein d'une entreprise de 300 personnes. Un mois et demi après l'événement, j'ai été sollicité pour intervenir auprès du directeur de l'usine et de son équipe de direction. La question était : *comment faire pour être dans l'écoute et apporter des pistes de travail, des solutions pour les faire avancer alors qu'ils avaient vécu un événement traumatique ?* Lors d'un séminaire de deux jours, je les ai amenés à se parler à nouveau, à exprimer ce qu'ils avaient ressenti lors du drame. J'ai signifié au directeur qu'il était « autorisé » à s'exprimer, alors qu'il s'était enfermé dans le silence depuis l'événement. Il m'a alors parlé spontanément pendant plus de deux heures et demie… C'était très fort. Il aura cependant fallu quatre mois avant que les membres de l'équipe puissent retrouver le sourire et travailler à nouveau ensemble. Mais depuis, ils m'ont adressé leur reconnaissance d'avoir su recréer du lien.

Certains coachings sont cependant plus difficiles que d'autres et je suis sans cesse amené à me remettre en question. Parfois, lorsque je ramène une personne à une « ligne de flottaison » où elle va mieux, et qu'elle considère qu'elle est bien ainsi, je suis frustré de ne pouvoir la pousser au-delà, la faire travailler sur des fondamentaux qui lui permettront de ne pas retomber dans ces mêmes travers qui avaient nécessité mon intervention.

Le point de bascule

Tout a basculé lors du suicide de ma fille, en 2010. Quelques mois après ce drame, j'ai pris la décision de quitter mon emploi pour me mettre à mon compte et aussi m'investir dans des associations. Il se trouve que mon associée, qui m'aidait dans ma transition professionnelle, servait alors des repas aux personnes sans domicile fixe le dimanche matin. Lorsqu'elle m'a sollicité, six mois après le suicide de ma fille, je pensais être incapable d'aider qui que ce soit, et surtout pas des SDF ayant passé la nuit dehors. Pourtant, j'y suis allé et je la remercierai toujours ! Lorsque je suis rentré chez moi, après quatre heures de petit déjeuner avec eux, je me suis rendu compte que ma situation n'était pas si dramatique par rapport la leur… C'était de l'ouverture, des marques posées pour avancer et m'en sortir. J'ai fait le lien. Parallèlement, dans le cadre professionnel, j'ai rencontré une femme, formatrice et coach, qui était visiteuse de prison. En tant que membre de longue date d'Amnesty International, très sensibilisé à ces questions, cela faisait longtemps que je voulais le devenir et pourtant, j'avais toujours reculé l'échéance. Là, cela s'est imposé comme une évidence. Tout est lié…

Face à l'épreuve, deux attitudes sont possibles : soit on se replie sur soi, soit on s'ouvre et on écoute les autres. C'est ce qui fait qu'on passe d'une situation difficile à une forme de « renaissance ». Mais qu'est-ce qui permet de passer de *« je ne vais pas bien »* à tout d'un coup *« je vais bien »* ? Qu'est-ce qui m'a permis, à un moment donné, de repartir sur des projets ? Ce sont des rencontres, du lien, de l'ouverture. Aujourd'hui, je vis mieux qu'avant, j'ai eu de la chance d'être entouré, de faire de belles rencontres, d'avoir les ressources en amont pour survivre. Aujourd'hui, je me sens accompli, je suis un être plus complet…

Je pense que ce lien peut se rétablir, pas à pas, uniquement dans un « champ de confiance ». Dans un premier temps, ce sont des petits projets qui redonnent de l'énergie, puis ils laissent place à d'autres, plus importants. Par exemple, le psychiatre que nous avons vu, ma femme et moi, après le départ de ma fille, a eu une idée extraordinaire : il nous a fait retranscrire par écrit ce qu'elle avait fait le mois précédant son décès. Nous avons ainsi pu figer notre mémoire et passer à autre chose. Un an plus tard, mon épouse et moi avons écrit un livre à deux mains, avec notre regard différent d'homme et de femme.

Cette longue traversée du désert après le tsunami m'a permis de valider un point essentiel dans la vie. En effet, depuis des années, je dis aux personnes, en accompagnement individuel professionnel, mais aussi personnel : *« C'est quand tout va bien qu'on travaille les fondamentaux ! Ce n'est bien évidemment pas au milieu d'une tempête qu'on apprend à naviguer ! »* Et j'ai eu cette chance d'avoir pu travailler en amont, ce qui m'a tant aidé au milieu du tumulte.

La vie associative

Aujourd'hui, je suis engagé dans l'association nationale JPV (Jonathan Pierres Vivantes) pour les parents endeuillés. J'interviens ainsi auprès de l'antenne locale de Loire-Atlantique, au service d'écoute. De plus, depuis trois ans, avec ma femme, nous organisons, accompagnés d'un psychiatre et d'une psychologue, deux week-ends par an destinés aux parents, frères et sœurs endeuillés par un suicide. Dans ce contexte, les personnes viennent déposer tout ce qu'elles n'ont jamais pu déposer. Enfin, il y a trois ans, un ami coach m'a proposé d'ouvrir une ligne d'écoute téléphonique pour les chefs d'entreprise de Loire-Atlantique, essentiellement de TPE et PME. Nous sommes désormais sept écoutants bénévoles, tous professionnels, thérapeutes, coachs… L'objectif est d'écouter dans l'anonymat, de faire baisser la pression, d'évaluer s'il y a ou non un risque suicidaire, puisque nous avons été formés à le repérer. À l'aide d'un questionnement spécifique, nous pouvons ainsi orienter vers un spécialiste de la prise en charge (psy, thérapeutes, dans 30 % des cas) ou bien vers d'autres interlocuteurs professionnels.

En outre, toujours dans le cadre associatif, je rends visite tous les quinze jours à deux personnes détenues. Nous avons d'ailleurs constaté, avec d'autres visiteurs, que n'importe qui pouvait le devenir, sur simple demande à l'administration pénitentiaire. Beaucoup de personnes y vont avec toute la bonne volonté du monde, mais sans savoir toujours bien écouter, et en s'exposant au risque, par les effets du transfert et du contre-transfert, de se trouver manipulées. Moi-même, au début, j'ai pu admettre que, parmi mes motivations personnelles à devenir visiteur de prison, l'idée d'être en contact avec des personnes un peu dangereuses représentait quelque chose de fort, de mystérieux… Pour éviter ces dérives, nous avons donc eu l'idée de créer deux formations, destinées entre autres à repérer des personnalités difficiles au sein de la prison.

La réparation

Deuils dans la famille et en entreprise, prison… Pourquoi me suis-je tant investi pour des causes liées à la souffrance ? Mon interprétation est que je n'ai pas pu éviter le suicide de ma fille et que cela m'a inconsciemment poursuivi. Dans ce contexte, puisque les suicides existent aussi en milieu carcéral et en entreprise, j'ai pensé que si, par l'écoute, je pouvais agir pour éviter que quelqu'un ne mette fin à ses jours, je me devais de le faire. Aujourd'hui, j'ai conscience de cela et cette mission, que je poursuis, a évolué et pris un sens un peu différent.

Au-delà de la volonté d'aider les autres, d'agir pour prévenir le suicide, il existait sans doute au départ ce besoin de « vouloir réparer », à défaut d'avoir pu « sauver ». Au-delà de la « générosité » aussi, je pense que j'avais besoin de me décentrer et m'éloigner de ma souffrance. À ce titre, en coaching, « se décentrer et s'oublier » permet d'être présent à l'autre, en sortant de ses propres difficultés. Parfois, nous soignons nos propres blessures, mais nous pouvons également aller bien au-delà, réparer l'autre pour se réparer soi-même, comme l'explique parfaitement Alexandre Jollien. C'est aussi ce que j'écris dans mon dernier livre, cette idée de *« ne parler que de ce que j'ai vécu et j'expérimente »*. Pas de théorie ! J'aspire au quotidien à être en phase avec ce que je pense et ce que je dis, tout en étant conscient de mes faiblesses, de mes fragilités. À ce sujet, j'évoque l'« heureuse fragilité », qui me permet d'avancer et qui est une sacrée force. Cependant, il faut prendre garde à ce que les personnes en souffrance ne regardent pas uniquement leurs fragilités et leurs faiblesses, car cela les empêcherait de s'en sortir.

Visiteur de prison

Certaines personnes émettent l'hypothèse qu'il faut se rendre en prison de façon désintéressée. Ce n'est pas réellement mon avis. Pour ma part, je me dis avant tout que cette personne, à qui je rends visite tous les quinze jours depuis un an, à qui j'apporte une petite heure de respiration, va peut-être aller un peu mieux grâce à cette goutte d'eau positive... Personnellement, la reconnaissance extérieure m'importe peu, c'est plutôt la mienne qui m'anime. Du reste, comme la prison se trouve à 500 mètres du cimetière, je profite de ces visites pour aller « voir » ma fille, heureux de lui offrir cette expérience.

Concrètement, être visiteur de prison signifie franchir 27 portes qui s'ouvrent sans arrêt et se referment. Ce n'est pas simple. Lorsque j'en sors, je me sens parfois satisfait, parfois, au contraire, je suis « plombé ». Néanmoins, je garde cette détermination à « remettre du lien », à apporter quelque chose de plus doux dans cet univers carcéral si violent, physiquement et psychologiquement, pour les personnes détenues. Le lien s'exprime d'ailleurs également avec les surveillants, en leur parlant, en leur disant « bonjour ». Si, par petites touches, on met un peu de bienveillance, d'amour, dans la relation, peut-être le surveillant sera-t-il dans une attitude un peu plus positive envers le détenu qu'il croisera ensuite.

Il s'agit d'un système organique et relié, une « reliance écologique », en référence à l'écologie de la relation ! L'intention, c'est d'aller vers quelque chose de positif – mais en restant toujours vigilant, car les meilleures intentions peuvent donner de mauvais résultats. Être bienveillant, cependant, c'est porter un regard positif sur l'autre, sans jugement. Pour ce faire, il faut, là encore, s'oublier un peu, se décentrer, être dans la compassion au sens bouddhiste du terme, bien au-delà de l'empathie qui n'est pas aussi puissante. En coaching, si l'empathie est indispensable, la compassion peut être dangereuse…

La passion de la rencontre

Ce qui m'anime dans tout cela, c'est de pouvoir me sentir pleinement vivant ! J'aime passionnément voir les choses pousser, avoir le sentiment de semer et de participer. De l'écologie, encore…

Très souvent, au travail ou ailleurs, les gens me font part du problème qu'ils ont à trouver leur place dans l'entreprise, dans leur famille, partout ! Personnellement, j'ai l'impression d'avoir ma place dans ce monde, cet infiniment grand, et avoir la possibilité d'y agir très modestement me suffit. Lorsque je me réveille le matin, penser à cela ne gomme pas tous les problèmes, mais me permet de vivre plus sereinement. C'est la passion de la rencontre qui m'anime : l'autre et moi-même sommes différents, et le simple fait de réfléchir ensemble nous apporte beaucoup.

S'ouvrir aux opportunités est un mouvement perpétuel. Cette découverte constante me fait avancer, non sans parfois me provoquer un petit stress nécessaire, qu'il faut que je veille à ne pas perdre.

Parmi les « rencontres » qui m'ont inspiré, je citerai aussi la lecture de Krishnamurti, notamment *Le Sens du bonheur*. Je me suis beaucoup retrouvé dans ses travaux sur la façon de bien vivre et surtout de lutter contre les conditionnements. Selon lui, pour changer le monde, plutôt que d'adhérer à un parti politique, par exemple, c'est par soi qu'il faut commencer : c'est par une remise en cause perpétuelle, un changement profond de soi que le reste du monde changera. J'ai moi aussi cette intuition depuis l'âge de 10 ou 11 ans, mais c'est vraiment au cours de ces dernières années que j'ai intégré cette conviction. Avant, j'avais plutôt tendance à dire « y a qu'à, faut qu'on », « il faut faire ci, il faut faire ça » ! Aujourd'hui, si je veux obtenir des changements, j'ai conscience que je dois être exemplaire, parce que ce changement collectif passe par chacun de nous, individuellement.

Un rêve

Si l'on ouvre devant moi une fenêtre, je souhaite qu'elle donne sur une belle montagne... Quelque chose de grand et de positif, comme le futur, où je place beaucoup d'espoir, car je crois que l'homme va trouver des solutions aux problèmes. J'ai foi en cela, car j'ai moi-même dépassé des situations difficiles et je sais que c'est possible ! Pour ce faire, nous devons prendre notre part de responsabilité à ces problématiques. De nombreuses initiatives positives existent. Si l'on génère individuellement puis collectivement, par capillarité, du positif, il en ressortira autant d'expériences bénéfiques... Personnellement, je revendique une forme d'optimisme éclairé, qui m'amène à penser que les choses sont ainsi, certes, mais on peut malgré tout les faire bouger.

Je pense que si l'on a vécu des périodes de chaos, on parvient toujours à faire sortir de belles pousses. J'ai cette croyance, cette confiance fondamentale, qui m'amène, par exemple, à m'efforcer d'ôter à mon père, âgé et souffrant d'un cancer très invasif, les idées négatives…

J'aime penser que j'apporte ainsi, par de petites actions, ma pierre à l'édifice. Si chacun, individuellement, apportait sa contribution, son initiative, à petits pas, ce monde changerait. Qu'est-on dans ce monde ? Que fait-on ? Après avoir longtemps été dans « le dire », les idées, la pensée, la théorie, je suis aujourd'hui dans « le faire », les actes.

Je souhaite qu'à l'avenir, l'humanité soit confiante dans la capacité et les ressources de l'homme à trouver des solutions. Ce que nous vivons actuellement n'est pas nouveau. Il y a eu des siècles terribles, des abominations, et pourtant l'humanité continue d'avancer, de trouver des solutions. Aujourd'hui, les nouvelles technologies constituent un vrai défi et nous allons trouver des solutions, qui ne viendront pas de l'extérieur. Individuellement et collectivement, l'être humain est plein de ressources. Mises ensemble, ces ressources peuvent nous emmener loin. Aller chercher des ressources, c'est aussi s'inspirer des autres, mais aussi inspirer les autres. C'est du lien, de l'échange !

Une invitation à retrouver ces liens qui nous révèlent ?

Je me rappelle avoir été particulièrement ému, au cours d'un concert, à Nantes, dans le cadre de La Folle Journée, de voir tous ces musiciens en lien avec le chef d'orchestre. Tous ensemble, ils dégagent quelque chose de magique, une sorte d'alchimie. À l'origine, ils ne « savaient » pas jouer de la musique ensemble, mais ils ont travaillé des heures et des heures, individuellement, avec ce chef d'orchestre pour parvenir à ce résultat incroyable.

Cela m'évoque aussi l'harmonie qui règne dans la nature, avec laquelle, même si je suis citadin, j'ai toujours entretenu un rapport très fort. Nous devons préserver cette nature, car nous avons trop souvent tendance à oublier que nous lui sommes intrinsèquement liés.

« Se décentrer et s'oublier permet d'être présent à l'autre, en sortant de ses propres difficultés. »

Le lien et l'intelligence collective

Marcellin Grandjean

Né en 1977 à Épinal, Marcellin Grandjean a exercé dans le développement commercial, la conduite d'équipes et la gestion d'entreprise durant quinze ans. Diplômé de l'EM Strasbourg en 2004, formé à l'École des Médiateurs CNV et certifié praticien en Holacracy, il est aujourd'hui coach d'équipes apprenantes, formateur en management et gestion des conflits, et facilitateur-médiateur au sein de Welgo, société qu'il a créée en 2014.

Welgo.fr

Aujourd'hui facilitateur-médiateur, ***Marcellin Grandjean*** *avait déjà un beau parcours dans l'exercice de l'écoute et l'empathie lorsque nous nous sommes rencontrés, lors de notre cycle de formation long à la posture de médiateur CNV. Actif et investi dans les milieux associatifs et collaboratifs, il exerce par ailleurs en tant que coach à l'EM de Strasbourg dans le cadre du BJE (Bachelor Jeune Entrepreneur), une école sans cours ni professeurs, un modèle inspiré de la « Team Academy » en Finlande, une pédagogie fondée sur l'apprentissage en équipe, un apprentissage par l'action et* *par le développement du leadership. Une approche profondément innovante basée sur la créativité.*

Nous nous apportons beaucoup mutuellement car, contrairement à moi qui suis davantage dans l'accompagnement individuel, Marcellin, lui, intervient essentiellement dans le collectif, pour faciliter les échanges, contribuer à la résolution de conflits, à co-créer et mener à une plus grande compréhension, avec une formidable créativité et une approche à la fois pédagogique et très ludique. À ce titre, sa présence dans ce livre était une évidence.

De 2000 à 2014, mes quinze ans d'expérience dans le développement commercial, la conduite d'équipe et la gestion d'entreprise m'ont appris à identifier et à développer les moyens d'impliquer chacun dans l'action collective, tout en tenant compte des besoins et des idées individuelles. Dans toutes mes activités, mon objectif est toujours le même : intégrer chacun à une vision d'ensemble et apprendre à l'organisme l'adaptabilité nécessaire à un environnement qui est lui-même en perpétuel mouvement. Pour ce faire, j'explore toutes les conditions qui facilitent l'émergence de la culture de l'entité collective.

L'élément déclencheur

Cela remonte à l'enfance. J'étais le petit dernier d'une famille de cinq enfants, celui qui bénéficie de tous les apprentissages des aînés mais, néanmoins, qui a du mal à trouver sa place parce que tous les autres ont déjà la leur. J'en ai beaucoup souffert ! Lorsque je voulais accompagner les autres à la piscine, par exemple, j'entendais : *« Tu restes à la maison, tu es trop petit ! »* J'ai tellement mal vécu de ne pas avoir eu mon mot à dire que, très vite, j'ai voulu prendre des décisions d'adulte et être entendu ! Je voulais être acteur de ma vie, bénéficier de cette liberté.

Il a d'ailleurs fallu de très longues années pour arriver à un équilibre avec mes frères et sœur. Depuis quelques années seulement, ils me reconnaissent et s'intéressent à ce que je fais ! Aujourd'hui, on peut enfin échanger et créer ensemble.

Dans ce contexte délicat, je crois que le vrai déclic a été le scoutisme, qui m'a fait découvrir le travail d'équipe. Pendant près de vingt-cinq ans, de 8 ans à 32, j'ai vécu de multiples expériences de stages, dont certaines ont été déterminantes. Cela m'a appris à être agile pour former des équipes et à développer des modèles pour les paramétrer. Je crois que c'est en me mettant à accompagner des adultes que j'ai vu tout ce que j'ai vécu étant enfant prendre réellement forme. En réalité, j'identifie tout cela à l'ancrage, la certitude que je peux trouver ma place, que je ne vais pas être remis en cause. C'est un ancrage humaniste.

La notion d'équipe est vraiment en filigrane de toute ma vie. Ce sont mes expériences professionnelles qui m'ont conduit à ce que je fais aujourd'hui. En 2000, j'ai fait mes débuts comme cadre commercial dans une société d'emballage. Ensuite, jusqu'en 2014, j'ai été successivement responsable de secteur pour deux sociétés d'espaces verts. En parallèle, de 2012 à 2014, j'étais également responsable territorial de niveau départemental au sein de l'Union régionale des SCOP Nord-Est, organisme qui vise à accompagner et développer des entreprises coopératives de la région. Par la suite, j'ai bifurqué vers les sujets de la communication et de l'intelligence collective. C'est en 2014 que j'ai fondé ma société : Welgo. Un tournant dans ma vie ! Dans ce contexte, avec une équipe de professionnels dédiés, j'interviens de différentes façons auprès d'équipes et d'organisations sur des sujets tels que l'innovation, la dynamique d'équipe, la médiation, la facilitation de démarches de coopération, l'intelligence collective...

Aujourd'hui, j'ai trois activités : la médiation, le coaching d'équipe et la facilitation en groupes. Au sein de Welgo, je travaille essentiellement en tant qu'entrepreneur sur l'intelligence collective, qui est le dénominateur commun de toutes mes activités. Je suis passionné par le groupe, le collectif, et l'idée de mettre en mouvement les personnes. Quelle est la fonction précise de cette intelligence collective ? Avant tout, elle permet la co-création – création où l'ego est effacé, où chacun peut intégrer l'idée de l'autre, créer à partir de l'idée de l'autre, créer ensemble et créer du neuf parce que l'on parvient à dialoguer sur les idées de chacun.

Il s'agit de créer des outils pour que chaque individu désireux d'agir s'autogère et développe une sorte de gain... À chaque intervention, la problématique est la même : comment ces groupes vont-ils évoluer et se doter d'une intelligence collective ? Comment vont-ils rêver ensemble, créer des cadres ensemble ? Comment vont-ils avoir une vision commune et se réaliser afin de pouvoir finalement agir ensemble ? Comment, par le développement d'outils et une dynamique constituée de liens qui interagissent, vont-ils réorienter leur action ?

Si je vise à ce que chacun soit acteur de sa vie et acteur selon un collectif, cela soulève plusieurs questions fondamentales. Comment ne pas perdre le « je » dans le « nous » ? Comment le « je » peut-il être au service du « nous » ? Mais aussi comment le « nous » peut-il être au service du « je » ? Chaque fois, c'est de cette dynamique qu'il est question ! Et en ce qui me concerne, si j'ai ma vision personnelle, je la mets au service de la vision collective, et vice versa, cette vision collective est au service de ma vision personnelle. C'est un cercle vertueux ! D'ailleurs, l'une de mes formes d'intervention fondamentales consiste à mettre les personnes en cercle, sur un pied d'égalité. Le cercle, c'est la forme parfaite ! Une figure dynamique, qui sert au mieux l'objectif de mes interventions en permettant de connecter chaque individu, équipe ou organisation à ses propres ressources afin de pouvoir ancrer tout changement dans la réalité vécue.

J'utilise également le processus de la communication non violente (CNV) qui prend ancrage dans l'apprentissage par l'action et l'holacratie, un système de gouvernance fondé sur la mise en œuvre formalisée de l'intelligence collective.

Concrètement, en m'appuyant sur la CNV, j'accompagne vers plus de clarté des situations d'équipes en difficulté. À chaque intervention, j'essaie de conduire l'équipe vers une résolution du conflit en l'ouvrant à la compréhension de la réalité vécue par chacune des parties, qui est le point de départ. Grâce à la médiation CNV, chacun, face à une situation qui peut apparaître comme délicate à résoudre, a la possibilité de s'exprimer depuis un niveau de conscience et non plus depuis un niveau de contrainte. C'est un point essentiel. Ainsi, par sa posture de tiers neutre, le médiateur joue un peu le rôle de « chef d'orchestre » de la communication. Il aide les acteurs à identifier les barrières à dépasser. Dans ce contexte, les participants peuvent accéder à la compréhension de la réalité vécue par l'autre, et s'autoriser alors des solutions créatives, dans le respect de tous. Grâce à l'empathie développée en CNV, on peut observer les faits précis et identifier les sentiments qu'ils génèrent, détecter les besoins liés aux sentiments et formuler des demandes afin de satisfaire les besoins de chacun. La médiation CNV est un formidable outil pour redonner du sens aux relations dans l'équipe !

Facilitateur

En quelques mots, la « facilitation » peut être définie comme l'art de se mettre au service d'un groupe pour qu'il trouve par lui-même les réponses à un problème. Le facilitateur a ainsi pour fonction d'aider un groupe à appréhender ses objectifs communs et à s'organiser pour les atteindre. Il s'avère également très utile dans des situations de face-à-face, au sein d'un réseau professionnel par exemple. Pour ce faire, j'utilise des outils dédiés et des méthodes d'intelligence collective. Après avoir défini l'objectif de la structure, je crée et j'anime un processus adapté afin de répondre à ses enjeux, qui, petit à petit, conduit le groupe à générer de nouvelles idées de collaboration et de coopération. C'est la clé de voûte qui permet de continuellement s'adapter aux changements rapides de l'environnement au sein même de la structure. Car *in fine*, le but recherché est bien d'apporter au système de la mobilité et de la souplesse, et de donner à chacun des membres un espace cohérent de créativité. Si on libère l'esprit d'initiative de chaque membre, on le ramène facilement à une vision collective, puis on ajuste au fil de l'eau. Je suis intervenu ainsi pour la région Alsace sur la manière de faire naître des projets entre acteurs de l'économie sociale et solidaire et acteurs de l'économie traditionnelle, et pour l'Association Eco-quartier Strasbourg sur l'amélioration du « vivre ensemble » dans les copropriétés.

Le coaching d'équipe

En coaching d'équipe, l'objectif consiste à libérer les énergies et la créativité de chacun des membres du groupe, qui en sont la richesse essentielle. N'est-ce pas un réel enjeu pour une entreprise, une collectivité, une association, que de créer, dans un environnement en perpétuel mouvement, un cadre clair, qui permette à chacun de devenir entrepreneur ? À l'heure des réseaux sociaux, le système d'organisation pyramidal nous montre bien ses limites.

Ainsi, il s'agit clairement de redonner de la mobilité et de la souplesse. Pour ce faire, nous allons développer l'engagement de l'ensemble des membres du groupe, dont chacun est individuellement un véritable « capteur de l'environnement ». En effet, tous possèdent, à leur échelle, la connaissance pour et les capacités de résoudre leurs difficultés. Néanmoins, il est difficile de les appréhender seul, de développer seul son potentiel et son savoir-faire, d'améliorer seul ses performances et de réaliser ses objectifs. Grâce au processus d'approche systémique allié à des outils participatifs et collaboratifs, il est possible d'accompagner l'organisme vers l'efficience. Et de permettre à chacun d'y contribuer lui-même en développant son propre leadership !

Si l'accompagnement est considéré comme global, il prend néanmoins des formes variées, mais privilégie essentiellement l'apprentissage par l'action autour de méthodes collaboratives.

Ce qui m'anime le plus dans tout cela, c'est d'œuvrer au développement des groupes, qui sont aussi de formidables outils de transformation personnelle. Ainsi, lorsque je suis actif auprès d'un groupe de personnes, celles-ci peuvent renvoyer de moi une image qui n'est pas forcément celle que j'ai envie de voir, et si je reçois des critiques déplaisantes, cela va avoir une incidence sur ma posture, la déplacer, voire la changer. Le collectif, c'est un élément d'apprentissage qui bouscule ! Et il y a bien des enjeux à développer, des dialogues à identifier dans cette boucle circulaire, pour diminuer les défenses personnelles, les peurs, les croyances, et accéder à cette zone qui nous transforme.

Cependant, cette « co-création » demande généralement du temps. On part souvent d'une forme de chaos où nos postures sont très éloignées les unes des autres, mais par le dialogue, par l'écoute, en allant chercher la compréhension de l'autre, quelque chose émerge. On se rencontre dans notre humanité et on crée ensemble, sans que quiconque prenne le dessus sur les autres.

L'axe de ma recherche consiste avant tout à répondre à cette question : comment arrive-t-on à une forme de coopération dans le respect de chacun, où chacun peut se retrouver, au-delà de la dissidence humaine ?

Contribuer à l'harmonie dans les relations, c'est le moteur de toutes mes interventions ! Quand je travaille avec un groupe de 120 personnes, je veux créer un processus où ces 120 personnes soient bien ensemble, qu'elles bénéficient des conditions pour s'exprimer, se rencontrer, échanger. Et lorsqu'à la fin de la journée, elles ont réussi ensemble à créer et à s'entendre, c'est gagné ! À force d'échanger, de réels espaces de dialogue peuvent émerger.

Mon souhait, c'est de contribuer à ce que chacun trouve la place qui lui permette de répondre à ses besoins. Il s'agit vraiment d'entendre l'autre, de me faire entendre et de créer ensemble, de lâcher sur l'image de l'autre où mon mental, mes pensées, mon ego peuvent le rabaisser et interrompre la connexion… Dès l'instant où l'on accepte d'aller vivre ses peurs dans un collectif, on peut aussi se trouver soi, accéder à soi, être en lien avec soi-même et savoir finalement comment « se mettre à la place » des autres. On peut se découvrir ; être, tout simplement. Beaucoup de gens ont peur du groupe, peut-être parce qu'ils n'ont pas toujours conscience que ce collectif va les transformer. Personnellement, il m'arrive d'avoir envie de ne voir personne, de rester seul, complètement déconnecté, mais j'ai rapidement besoin de retrouver « le cercle des autres ».

J'espère que mon travail contribue à la réflexion collective qui vise à permettre à chacun de se relier à son environnement, à son écosystème. J'espère contribuer au bien-être, au bien vivre ! Lorsque j'accompagne un collectif, j'aime voir cet espace de dialogue où les uns et les autres ont la possibilité de dire *« je ne suis pas bien »* ou au contraire *« je suis bien »*.

À une plus large échelle, ce que je souhaite à tous, c'est la liberté ! Je souhaite que les personnes trouvent la liberté, comme une forme d'agilité corporelle, un mouvement. Ce que l'on peut vivre ici à notre niveau, je pense que l'humanité entière peut le vivre au sien ! La violence est liée à la prédominance, à l'omniprésence de l'ego. Le rapport dominé/dominant fait se tendre les relations entre les religions, les partis politiques, les entreprises.

Une invitation à retrouver ces liens qui nous révèlent ?

La meilleure illustration du lien, pour moi, c'est la créativité. Tahar Ben Jelloun, notamment sa *Nuit sacrée* et son *Enfant de sable*, m'inspire tout particulièrement. Son écriture reflète bien son expérience en psychiatrie sociale et j'y retrouve à vrai dire le mouvement que je poursuis depuis une quinzaine d'années, qui est d'assumer un décalage.

« Le collectif,
c'est un élément d'apprentissage
qui bouscule ! »

Du bien à soi, du bien aux autres

Karine Soliveau

Née en 1977 à Fresnes, Karine Soliveau est une jeune entrepreneuse, globe-trotter, sportive et attentive au bien-être des autres. Elle a d'ailleurs fondé en 2009, avec sa cousine, En aparté, un institut de beauté situé dans le VIIe arrondissement de Paris.

institut-enaparte.fr

J'ai rencontré ***Karine Soliveau*** *dans l'institut de beauté où elle était alors salariée. J'ai apprécié son dynamisme et son énergie, et je n'ai pas été surprise lorsqu'elle m'a annoncé qu'elle s'apprêtait à créer sa propre affaire avec sa cousine. J'aime les histoires d'entreprises qui naissent dans l'histoire de chacun. Pour Karine, c'est dès son plus jeune âge, dans ses relations avec sa mère, dont elle brossait la chevelure pour lui faire du bien, que s'est créé un rapport particulier au corps, au soin, au bien-être, qui l'a menée là où elle est aujourd'hui. Si j'ai pensé à Karine pour le livre, c'est parce qu'elle transmet autre chose que l'art de rendre les personnes belles et bien, j'ai eu cette prise de conscience lorsqu'elle me massait régulièrement dans un moment où j'en avais besoin. Ses mains ont eu un « effet thérapeutique », mieux que n'importe quel traitement* *prescrit, mon corps a eu cette chance de recevoir et d'être réceptif à ses soins.*

En tant qu'esthéticienne, je travaille sur les soins du visage, du corps et tout ce qui concerne la beauté et le bien-être. Ce choix professionnel, c'est avant tout une histoire de lien qui commence dès mon plus jeune âge. Un lien familial, d'abord, avec ma cousine Sabrina, puisque nos mères sont sœurs et nos pères sont frères. Nous avons fait les mêmes études, travaillé ensemble et, en 2007, quand je lui ai dit que je voulais me mettre à mon compte, nous avons décidé de monter notre entreprise. Deux ans plus tard, en 2009, nous avons ouvert l'institut de beauté « En Aparté », dont le nom reflète la qualité d'intimité que nous souhaitions donner à « notre » lieu, situé au cœur du village Verneuil, à Saint-Germain-des-Prés, sous les voûtes en pierres apparentes d'un bel immeuble du XVIIIe siècle. Dans un magazine féminin, une journaliste l'a d'ailleurs qualifié de *« petit havre de paix à des années-lumière du spa aseptisé »…*

À l'âge de 14 ou 15 ans, déjà, je savais que je ferais un métier autour de l'esthétique. Enfant, dès que j'avais un accès de fièvre, ma mère me faisait des massages qui me faisaient beaucoup de bien. Réciproquement, quand son passé trop lourd resurgissait et qu'elle se sentait mal, j'essayais de la calmer par des massages. Je jouais aussi un rôle de confidente puisqu'elle n'était pas suivie par un professionnel. C'est ainsi que j'ai développé une écoute « naturelle » et connu très tôt le réconfort de voir que ce que l'on fait apporte quelque chose à quelqu'un. Quand on a reçu de l'amour, on a envie d'en redonner. Aujourd'hui, ce que j'aime le plus, dans mon métier, c'est constater que je peux réellement apporter un mieux-être, physique et moral, aux personnes qui viennent me voir. Pour des femmes qui sortent de chimiothérapie, par exemple, cela peut passer par une simple teinture de cils, dont l'effet sur la joie de vivre est parfois spectaculaire.

Depuis toujours, l'esthétique – la science du « sensible », des perceptions sensorielles, du beau – est ma passion ! J'aime « soigner » l'aspect physique par des soins esthétiques du corps et du visage, par des cosmétiques, et conseiller les client(e)s dans le choix de produits. En grec, *kosmeo* signifie *« je pare », « j'orne »* : un produit cosmétique est une substance ou un mélange destiné à être mis en contact avec diverses parties superficielles du corps, notamment l'épiderme, afin de les protéger, les maintenir en bon état, modifier leur aspect. Son rôle est de renforcer le lien d'une personne par rapport à son environnement, par rapport à elle-même aussi, de protéger sa peau à l'aide de produits adaptés. L'esthéticien est le chirurgien de la beauté !

L'organe du lien

La peau est l'organe du corps le plus important par son étendue et possède un réseau nerveux très dense ; le toucher permet donc des sensations fortes, agréables ou douloureuses. C'est un générateur de plaisirs d'une grande variété, mais aussi de ressentis très profonds.

Selon Christian Bobin, *« les mains sur la peau touchent l'âme à vif ». « La caresse recrée l'être qu'elle caresse »*, écrit Jean-Paul Sartre. *« Des expérimentateurs ont montré que les animaux caressés sont détendus, calmes, souples, confiants et même audacieux, leur apprentissage est meilleur, leur croissance plus rapide, leur résistance aux affections plus grande, leur cerveau plus lourd. Par contre, ceux recevant les soins minimaux dans la stricte indifférence sont tendus, agités, craintifs et agressifs »*, écrit encore le Dr Gérard Leleu dans *Le Traité des caresses.*

Le toucher est sans aucun doute à l'origine de relations d'attachement et permet des échanges sélectifs avec d'autres personnes. En témoigne la place essentielle du massage, véritable « lien par les mains », dans de nombreuses pratiques visant à l'épanouissement, au mieux-être ou même au traitement de diverses pathologies.

Le contact de la peau avec l'air, la peau, la surface des corps solides ou liquides donne des informations qui ne pourraient être connues autrement que par le toucher. N'est-ce pas dans les différentes structures tactiles plus ou moins spécialisées de la peau qu'il faut chercher les prémices des différentes informations élaborées par le système nerveux ? Et lorsque la vue ou l'ouïe sont altérées, le toucher, sens moins vulnérable, permet toujours une fine interaction avec l'environnement... Il est très exploité par les amblyopes qui utilisent l'extrême sensibilité des doigts pour s'informer et améliorer leur communication. Le toucher, c'est vraiment « le sens du lien » !

À l'institut, ce lien se crée d'ailleurs naturellement, malgré la position vulnérable dans laquelle se trouve la cliente – nue, allongée, face à nous qui sommes habillées, debout. Certaines personnes particulièrement fragiles ne viennent d'ailleurs pas uniquement pour le soin, mais aussi pour parler. Un jour, une femme m'a dit : *« C'est mieux que le psy, ici ! Non seulement je me fais du bien, mais en plus, vous, vous répondez ! »* Si je n'ai nullement la prétention d'être psychothérapeute, je peux néanmoins me targuer d'avoir noué un lien de confiance avec mes clientes.

Les différents massages

Stressée, fatiguée, souffrante? Selon ses besoins, chaque cliente choisit sa technique! Le massage indien ayurvédique aux huiles de sésame allie pétrissage, percussions, frictions et lissages en profondeur. Le massage thaï traditionnel associe des étirements et des postures de hatha yoga... Le massage aux galets chauds, d'origine amérindienne, utilise des pierres en basalte d'origine volcanique pour leur capacité antistress.

Le massage californien a été inventé par Évelyne Levasseur, psychologue, qui avait remarqué que la prise de médicaments induisait une déconnexion du corps, une coupure du lien avec son propre corps : durant une à deux heures, j'applique avec les deux mains des mouvements tour à tour fluides et vigoureux sur le tissu superficiel du corps, à l'aide d'huiles aromatiques, en concentrant mes efforts sur les nœuds de tension qui sont les récepteurs des symptômes psychosomatiques du stress. C'est magique! Une session permet de soulager les tensions physiques et mentales et la contraction des muscles, de rééquilibrer la dépense émotionnelle, d'augmenter la sensibilité et la conscience des récepteurs comme partie intégrante du traitement de maladies auparavant traitées chimiquement : la dépression, l'insomnie, le sentiment de déconnexion avec le moi...

Le massage oriental pratiqué d'après le tracé musculaire favorise la stimulation des systèmes circulatoires et l'élimination des toxines. Le drainage lymphatique esthétique stimule naturellement la circulation de la lymphe, désintoxique et régénère l'organisme.

Enfin, il y a le « célèbre » massage hawaïen Lomi-Lomi. Issu d'une tradition hawaïenne séculaire, c'est la réponse idéale pour guérir à la fois les maux du corps et de l'esprit! Bien plus qu'une simple succession de manipulations et de gestes sur un corps douloureux, il excelle aussi pour les soins des mains et des pieds, et vise à équilibrer le rapport corps/esprit, intérieur/extérieur, physique/mental. C'est l'expression même de toute la philosophie polynésienne, selon laquelle le corps serait traversé par une énergie appelée *« Mana »* et que les douleurs, les contrariétés, l'anxiété proviendraient en réalité d'une mauvaise circulation de cette énergie. Il s'agit en quelque sorte d'une réponse permettant de rééquilibrer cette énergie et retrouver ainsi une unité au sein même du corps. La dimension spirituelle est importante, tout autant que la façon de connecter le masseur et la personne qui se fait masser, dans un respect particulier. Les soins prodigués avec de l'huile de monoï trouvent leurs caractéristiques particulières dans le fameux *loving touch* : toucher unique, enveloppant et rassurant, harmonieux, à travers des gestes fluides et gracieux propres à la culture hawaïenne. Avec l'utilisation des mains, mais également des avant-bras et des poings, ce massage ne manque pas de lien tonique…

Lien aux autres, lien à soi

Moi qui suis constamment en lien avec les autres, pour garder le lien avec moi-même, je multiplie les activités. Je pratique différents sports, je profite de la vie culturelle parisienne, je lis beaucoup. Ces derniers temps, je m'intéresse à Eckhart Tolle, l'auteur du *Pouvoir du moment présent*, un « guide » d'auto-assistance au quotidien qui souligne l'importance de vivre dans le présent et d'éviter de se perdre dans les pensées du passé ou du futur. C'est vraiment ma vision personnelle du lien ! Tolle parle de ce qu'il pense être « faux » chez l'humain, à savoir la nature de l'inconscience et de la dysfonction. Il traite aussi de la transformation de la conscience humaine, qu'il décrit comme étant quelque chose de disponible dans l'instant, peu importe qui vous êtes et où vous vous trouvez. « *La chose la plus importante qui puisse arriver à un être humain,* écrit-il aussi, *est le processus de séparation entre la pensée et la conscience et que la conscience est l'espace dans lequel les pensées existent* ». De la même façon, je pense que la première cause de malheur n'est jamais la situation, mais les pensées que l'on forme à son sujet, c'est là ma véritable forme de spiritualité.

Il aborde également plusieurs thèmes qui m'éclairent par rapport à ma fonction d'esthéticienne : comment s'extraire de la souffrance par la conscience? Quelles sont les stratégies du mental pour éviter le moment présent? Quelle est la signification du lâcher-prise? Le corps exprime ce qu'on ne dit pas, le corps est notre « lien » au monde extérieur. Et ce qui est réprimé s'exprime par le corps qui se fait l'écho des silences.

Contribuer au bien-être

Sans prétendre participer au bien-être de la société en général, je pense avoir ma part dans celui de mes clientes. Lorsque les femmes sortent de l'institut, elles sont bien plus gaies, avec le cœur plus léger. J'espère leur apporter un peu d'énergie positive, comme un voyage : juste la sensation d'une présence, « un état d'être ». En tous les cas, à mon niveau, je pense contribuer à une forme de paix, de non-violence, à développer l'amour des personnes envers elles-mêmes, à une réhabilitation du physique, une réévaluation du corps, à ce que chacun ait conscience de son corps… Ma petite contribution consiste à permettre à mes clientes et clients de comprendre leur corps par l'instantanéité, d'approcher au plus près leur présence au monde, leur lien avec elle-même et leur environnement.

Je rêve que nous soyons plus attentifs aux autres, aux petits détails, à sourire, à transmettre. Pour ma part, je crois aux énergies. Si on est entouré d'énergies négatives, on a tendance à être ralenti, à voir les choses en noir. De la même façon, les énergies positives circulent entre nous.

Inspirations

J'aime par-dessus tout le point de vue optimiste du film *Demain*, de Cyril Dion et Mélanie Laurent, qui recense dans dix pays des réponses aux défis environnementaux et sociaux du XXIe siècle, qu'il s'agisse d'agriculture, d'énergie, d'économie, d'éducation ou de gouvernance. Le film aborde des sujets essentiels : comment mieux faire ? Comment mieux vivre tous ensemble ?

Dans un autre registre, j'aime beaucoup la chanson de Michael Jackson « In the World », dont le texte évoque le lien universel : *« Créons un monde sans peur. Ensemble nous verserons des larmes de joie. Nous verrons les nations transformer leurs épées en outils… Alors, nous sentirons pour toujours que l'amour est suffisant pour nous faire grandir. »*

Enfin, je pense à une très belle citation d'Einstein : *« Trois idéaux ont éclairé ma route et m'ont souvent redonné le courage d'affronter la vie avec optimisme : la bonté, la beauté et la vérité. »*

« Je pense contribuer à une forme de paix, de non-violence, à développer l'amour des personnes envers elles-mêmes. »

Renaître à soi avec la maladie

Stéphanie Leclabart

Née en 1973, Stéphanie Leclabart a commencé sa carrière comme journaliste avant de s'orienter vers la communication, à Lyon puis Paris. Littéraire et communicante, elle a été entrepreneuse indépendante pendant 7 ans, de 2011 à 2018, dans son agence de stratégie de contenus, simone&simone. C'est dans ce cadre qu'elle a accompagné Clémentine Lego dans la conception de cet ouvrage. Depuis 2018, elle occupe le poste de directrice de clientèle dans l'agence Entrecom.

***Stéphanie Leclabart** et moi partageons le même espace de coworking, et lorsque Chrystel, une amie commune, également « coworkeuse », lui a parlé du projet de ce livre, elle est aussitôt venue vers moi et m'a proposé de m'accompagner dans sa réalisation. Elle m'a aidée à formaliser mes idées, m'a encouragée à écrire, à prendre contact avec les témoins que j'envisageais. Alors que nous commencions notre collaboration, on lui a diagnostiqué un cancer du sein. Je l'ai embarquée avec moi dans le projet et durant deux mois, elle fut à mes côtés pour toutes les interviews. Malgré les traitements qui s'enchaînaient et la fatigue, Stéphanie s'est accrochée pour rester dans l'aventure, jusqu'au moment où il était devenu difficile de* *poursuivre l'effort et où Mathilde Brasilier a proposé son aide avant de prendre le relais. Malgré les difficultés, le lien était toujours là, Stéphanie suivait l'aventure, même d'un peu plus loin. Et il m'a semblé, alors que nous terminions les interviews, que Stéphanie devait absolument témoigner de son expérience dans le livre même « à chaud », de la manière dont le lien évolue au fil de la maladie. Contrairement aux autres, Stéphanie n'avait pas encore digéré et transformé pour pouvoir témoigner plus facilement. Elle traversait encore. En outre, j'ai été témoin de beaucoup de délicatesse pour ne pas inquiéter ses deux filles. J'ai senti que ce serait bénéfique/libérateur pour elle. Je souligne ce geste courageux qui témoigne de la force des liens. Cette énergie qui se transmet par le contact, la présence des autres. Stéphanie en a eu cruellement besoin, au cours de grands moments de solitude. Mais elle a cultivé sans relâche la voie positive, celle de la bienveillance, de l'amour, de la vie.*

Je crois que les événements sont liés et s'enchaînent. De 1997 à 1999, après avoir obtenu une maîtrise d'histoire, j'ai fait l'École des attachés de presse (EFAP) de Lyon. Ensuite, jusqu'en 2010, j'ai été responsable du pôle éditorial au sein d'une agence de communication, puis responsable adjointe du pôle Communication interne, avant de me lancer en indépendante. Être entrepreneuse a déclenché de nombreuses rencontres, à tel point qu'en 2015, j'ai pu créer ma propre structure, l'agence simone&simone, dédiée à la stratégie de contenus. Le nom de la société fait référence à des Simone(s) que j'apprécie particulièrement : la philosophe humaniste Simone Weil, l'écrivaine Simone de Beauvoir, la pianiste américaine, militante pour les droits civiques aux États-Unis, Nina Simone… Et j'ai eu l'envie de doubler le prénom *« simone&simone »,* afin d'incarner la dualité, en l'occurrence, l'aspect collaboratif du lien entre le client et moi-même.

La démarche de l'agence? Qu'ils soient internes ou externes, sur support papier ou numérique, audio, photo ou vidéo, les contenus véhiculent nos idées, donnent du sens, construisent la réputation de chacun et de chaque entreprise. Mon leitmotiv, c'est l'échange, le lien, avec pour mot d'ordre : *« Il n'y a pas de problèmes, il n'y a que des solutions! »*

Mon objectif est d'accompagner la construction du discours. Au-delà de la conception, j'orchestre les contenus, je guide les contributeurs dans cette quête du Graal textuel. J'accompagne les marques pour capter l'attention, provoquer l'émotion. À quelle cible s'adresser? Avec quel support? Comment se dire et se raconter? Comment sembler unique et le rester?

C'est dans ce contexte que Clémentine est venue vers moi pour son projet de livre, me demandant par la suite de l'accompagner aux interviews et d'en assurer une première étape de retranscription. Comme j'avais de nombreux clients dans des secteurs très (trop) *corporate* et sérieux, le projet éditorial du livre est arrivé comme une bouffée d'oxygène parce qu'« humaniste » et créatif. La thématique du lien a résonné en moi! Si, dès le début, j'ai eu une réelle motivation à accompagner le livre, parallèlement, un événement a alors marqué ma vie parce que tout est lié.

Catharsis

En septembre 2016, à mon retour de vacances, on m'a diagnostiqué un cancer du sein. Au-delà du choc émotionnel, j'ai dû revoir intégralement l'organisation de ma vie quotidienne et professionnelle. Nous avions déjà commencé l'écriture du livre, avec des échéances, des dates d'interviews programmées à l'avance. Quand j'ai dû commencer les traitements, Clémentine et moi avons poursuivi le travail, suivant mon rythme de vie ponctué par des séances de chimiothérapie. Sur notre planning, les dates d'interviews et de rendus étaient en bleu et les dates de soins en rose, couleur gaie et enveloppante, en contraste avec tout ce que je vivais, ce qui leur a valu le surnom de « séances chamallow ».

C'est la seule activité que j'ai souhaité conserver pendant cette période. Ce qui était à l'origine une collaboration professionnelle est alors devenu une activité qui me soutenait, un dérivatif concret. Chaque interview constituait une rencontre exceptionnelle, le récit d'un parcours parfois très dur et toujours une belle forme de résilience. Cela me permettait de me dire qu'aussi difficile ma situation fût-elle, certaines personnes avaient vécu bien pire et étaient aujourd'hui pétillantes. Cela faisait écho à ce que je vivais ! L'effet était réellement cathartique. En plus de m'apporter des réponses sur la question du lien, le livre m'a permis de relativiser ma situation et de ne pas me replier sur moi-même, malgré la maladie. Il est vite devenu un point positif dans mon quotidien !

Néanmoins, avec les séances de chimiothérapie qui me prenaient de plus en plus de temps et m'épuisaient, j'ai été obligée de ralentir le rythme. Puis, l'opération m'a contrainte à mettre le livre entre parenthèses quelque temps, durant lequel Mathilde a pris le relais. J'étais si attachée à cette aventure humaine et amicale que j'ai difficilement accepté cette interruption forcée.

Une soif de vivre

Au départ, je ne me sentais pas pour autant légitime pour témoigner. Et puis un souvenir de coupure de lien très particulier m'est revenu, qui m'y a décidée. Ça s'était passé quelques mois plus tôt : à la suite d'une séance de chimiothérapie particulièrement difficile, j'ai vécu une expérience proche de la fameuse EMI, l'expérience de mort imminente. Ayant atteint un niveau de faiblesse extrême, avec seulement 5 de tension durant toute une journée, j'ai éprouvé la nuit suivante une sensation angoissante que je n'avais jamais connue. J'ai ressenti une *décorporation*, la vision complète de ma propre existence, la vision d'un tunnel, d'une lumière. Après avoir senti tout mon être sortir de mon corps, je me suis mise à trembler et à délirer, et soudain j'ai eu la sensation d'être aspirée par une force. Je n'entendais plus rien, car l'atmosphère était comme ouatée ; tout était lumineux et trouble à la fois, et je me suis vue d'en haut. Je flottais au-dessus d'un corps inerte étendu sur un lit, corps qui était le mien et que je venais de quitter. Je n'étais plus qu'une âme. Le « je » n'était plus là. Puis, je pense m'être rendormie. Le lendemain, je ne me souvenais plus de rien. Étais-je morte l'espace d'un instant ? Aurais-je pu ne pas revenir « d'en haut » ? Comme émergé d'une amnésie traumatique, ce souvenir est revenu à ma conscience quelques semaines plus tard… Et j'ai alors mesuré le contraste entre ce moment tragique et cette intense soif de vivre que j'ai ressentie depuis, jusqu'à aujourd'hui.

Une aventure humaine

Au début, Clémentine était partie sur quelque chose de non didactique, d'assez global sur le lien : le lien dans la société, entre les gens, le rapport avec l'univers numérique, ponctué par des interviews. Puis, de rencontre en rencontre, ces interviews se sont avérées tellement riches, il y avait une telle matière autour de ces histoires de vie qu'il fallait de toute évidence les valoriser, faire de ce livre un recueil de témoignages intimes, d'histoires de liens. Ce livre, je l'ai vu naître, je l'ai vu bouger, évoluer, tandis que ma vie, elle aussi, était bouleversée. Depuis les prémices du projet, j'ai connu des moments successifs de douleur, de renaissance, de peur primale, des moments de joie aussi. Ce livre, c'est un lien, un fil, un ruban, avec un côté féminin, enveloppant, humain, souple, comme une vague. C'est très surprenant de commencer en « coulisses » pour finalement se retrouver aux côtés de personnes qui ont raconté leur histoire de vie, toutes plus incroyables les unes que les autres. Cela me permet peut-être aussi de fixer dans le marbre, noir sur blanc, une période de cette vie extrêmement forte, dure, mais aussi très positive.

J'ai l'impression d'avoir traversé en peu de temps tous les événements les plus traumatisants d'une vie. En deux ans, j'ai perdu ma grand-mère, je me suis séparée de l'homme que j'aimais, six mois avant d'apprendre que j'avais un cancer… Si j'ai fait face, c'est sans doute en grande partie grâce à mes deux filles de 14 et 5 ans. Elles sont mon soleil !

On dit que ce sont les épreuves qui font grandir et c'est dans ces moments que l'on rencontre des gens qui comptent. Personnellement, j'ai vécu tous ces événements de plein fouet, mais par le biais du livre, j'ai fait de belles rencontres et entendu de belles histoires de résilience.

Les réseaux sociaux aussi, dont on dit tant de mal, m'ont beaucoup apporté pendant la maladie. Ils m'ont aidée à me sentir en lien en me permettant d'échanger avec des gens, parfois très loin, que j'ai sentis très proches et qui m'ont apporté leur soutien. De nombreuses personnes, jusqu'ici à l'arrière-plan de ma vie, se sont révélées très précieuses. Et je les remercie encore de m'avoir tant aidée.

Avec mes proches, j'ai aussi décidé de tourner l'épreuve en dérision. Quinze jours avant l'opération, sur le modèle des enterrements de vie de jeune fille, j'ai organisé un « enterrement de vie de nichon ». C'est le reflet de ma manière d'être ! Cet entourage, qui était présent ce soir-là et s'est montré si bienveillant avec moi, m'a donné la force de poursuivre, et aujourd'hui, celle de témoigner.

Carpe diem

Durant cette épreuve, j'ai connu de nombreuses prises de conscience. Depuis toujours, je suis déjà très *carpe diem.* Je pense qu'il faut vivre sa vie tout de suite, aimer les gens tout de suite, sans attendre. N'étant pas à l'abri d'une récidive, j'ai une épée de Damoclès au-dessus de la tête. D'où cette urgence à vivre, à profiter des personnes que j'aime, à les remercier aussi, à leur pardonner, à être là… J'ai toujours été très présente pour ceux que j'aime, mais aujourd'hui, je le suis plus encore. On est là pour se rejoindre, se relier ! Le lien, c'est avec ceux qu'on aime, et il faut les aimer tout de suite, sans attendre, dire merci tout de suite et chaque jour ! Dans la vie, il faut profiter de tout et même si je suis malade, je continue à vivre, à prendre soin des autres, à être bien pour eux. Si tant est que je puisse transmettre un message, ce serait celui-là : *vivez l'instant présent, vivez-le pleinement !* Parce que vivre en désaccord avec soi-même est une forme de maladie. Et l'existence est si fragile qu'il ne faut jamais penser qu'on a la vie devant soi.

Prendre soin de soi et de la planète

On ne sait jamais vraiment d'où vient son cancer, et comme tout le monde, je m'interroge fréquemment : ai-je eu une mauvaise hygiène de vie ? Ai-je utilisé n'importe quel produit ou mangé n'importe quoi ? Cela a-t-il eu un impact ?

Ma maladie m'a fait prendre conscience qu'il y avait urgence à réagir sur les questions sociales et environnementales. D'une certaine façon, je suis devenue une « ayatollah » du bien-être, du bien consommer, du bien se nourrir. Et j'aimerais que chacun comprenne à quel point la vie est fragile, combien il est nécessaire de prendre soin de soi et de l'environnement. Mon véritable cheval de bataille, ce sont les perturbateurs endocriniens.

J'aimerais que l'on prenne en compte des mouvements « alternatifs » ou utopistes, comme le mouvement des Colibris ou celui d'Alexandre Jardin, qui remettent l'écologie et l'humain au cœur des préoccupations politiques. J'aimerais que ces mouvements collaboratifs aient un rôle de poids dans les décisions qui concernent l'avenir de l'humain.

Un projet

En pleine chimiothérapie, j'ai constaté qu'il y avait des choses à faire pour le bien-être des personnes qui vivent la maladie. Comme la communication fait partie de mon métier, j'en ai parlé autour de moi à des personnes malades, aux médecins… Puis, j'ai fait des recherches, j'ai lu et j'ai réfléchi à un projet qui puisse apporter un réconfort aux malades, comme mon entourage le faisait avec moi. Forte de mon expérience, j'ai eu l'idée de créer une plateforme Web s'adressant aux proches des malades pour les conseiller, les aider : quelle attitude adopter ? Que dire ? Que faire et ne pas faire ? Comment dédramatiser ? L'une des questions les plus cruciales est, à mon sens, d'inciter les proches à offrir des cadeaux, utiles, adaptés, à avoir de petites attentions qui font du bien, à la maison ou à l'hôpital. C'est un moyen très fort de (re)créer du lien, de rappeler qu'un corps amoindri n'interdit pas l'accès au bonheur.

Si vous avez un proche, un collègue de travail ou un membre de la famille atteint d'un cancer, ma plateforme permet de lui manifester votre attention en lui faisant parvenir un cadeau réconfortant et adapté – cosmétiques adaptés, produits bio, petites douceurs, attentions douces, bonne humeur, bien-être, porte-bonheur, livres, petites cartes drôles, positives, massages, spectacles, foulards… tout ce qui renoue avec la légèreté, le bien-être, le plaisir dans une période où l'on en est privé de fait. Pour ce faire, j'aimerais solliciter des créateurs, des artisans bio, des stylistes, des acteurs du bien-être, etc. afin de faire plaisir aux femmes, aux hommes et aux enfants (pour lesquels, d'ailleurs, rien n'est fait en ce domaine) : la douceur et l'attention des proches sont essentielles dans la guérison.

Ce projet, je n'aurais pu l'entrevoir concrètement sans le soutien de Marie Georges, amie et présidente de Paris Pionnières (aujourd'hui Willa), première plateforme d'innovation des femmes entrepreneuses en France, qui un jour m'a dit : « Ce projet est génial, vas-y ! » Pendant trois jours, j'ai testé et présenté mon projet aux côtés de dix-neuf autres femmes de tous horizons, d'âges différents, sans cesser de m'interroger sur sa pertinence, sur ma propre légitimité. Mais durant cette phase préliminaire, mon projet a suscité un véritable enthousiasme. J'ai ensuite passé un deuxième oral afin d'expliquer le projet de manière plus détaillée, et j'ai eu la joie d'apprendre, au lendemain de mon opération, que j'étais retenue pour le programme d'accompagnement de mon projet. C'était un vrai booster psychologique et professionnel ! Une fois en rémission, j'aurai la possibilité de redémarrer professionnellement et d'aider les autres à mon tour. Quel lien ! Si je peux apporter cette petite pierre à l'édifice, c'est formidable.

Ayant moi-même tenté de traverser la maladie avec légèreté et humour pour dédramatiser le quotidien et décomplexer mes proches, je souhaite transmettre cela à travers ce projet. En informant et rassurant les proches finalement sur l'importance de leur rôle, on favorise le bien-être du malade. J'ai toujours eu à cœur de rassurer mes proches, car ils ont souvent été encore plus démunis que moi ! À travers ce projet professionnel, je transmets ce que j'ai vécu : *je suis malade, mais la vie doit continuer, c'est juste un mauvais moment de la vie comme un autre. Après, cela ira mieux !* Dans notre société, la maladie fait peur ; or, j'aimerais qu'on dédramatise, qu'on sorte la maladie de son carcan. Ce serait véritablement thérapeutique. Les personnes qui ont un cancer sont comme vous et moi : il est indispensable de maintenir le lien.

Une invitation à retrouver ces liens qui nous révèlent ?

Je pense tout de suite au réalisateur Claude Lelouch, dont les films me touchent beaucoup : *Un homme et une femme*, *Les uns et les autres*, *Les Misérables*, *Hasards ou coïncidences*, *Si c'était à refaire*. C'est un réalisateur qui a traité des thèmes très difficiles autour de la séparation, de vies brisées, de ruptures, et malgré tout, dans tous ses films, on trouve de la gaieté, des sourires, des histoires qui se forment, des amitiés, des amours, finalement. C'est ainsi que je vois la vie ! C'est le lien. Les histoires entre les personnages font écho avec des choses que j'ai vécues, avec les liens que je ressens avec les autres. Au beau milieu des difficultés, il y a toujours un regard, un sourire, des mains qui se tendent. Des aventures humaines qui se terminent, et d'autres qui ne font que commencer.

Stéphanie Leclabart

« Les autres, il faut les aimer
tout de suite, sans attendre,
dire merci tout de suite
et chaque jour ! »

Conclusion

Il me semblait plus vivant, plus coloré, sur un tel sujet, de prendre la parole en la donnant aux autres.

Ces récits individuels authentiques forment un collectif. Ils incarnent et enrichissent les liens plus qu'une longue prose d'un unique auteur.

« La qualité des collectifs permet l'expression des singularités », dit Gilles Deleuze.

Je me suis sentie en lien avec chacun de ces témoins, qui nous prouvent que nos failles, nos fragilités, nos blessures révèlent des forces incroyables, insoupçonnées, à condition qu'on les regarde, qu'on les accepte, qu'on les assume. Qu'on en prenne soin. Dès lors, elles déclenchent un mouvement.

La vulnérabilité est une expression créatrice authentique.

Admettre la fragilité, c'est reconnaître une réalité nouvelle et souvent différente de nos idéaux, de nos rêves, de nos projets. Le doute, la honte, les angoisses et les peurs montent alors dans nos cœurs comme autant de questions à aborder pour nous-mêmes et pour les autres.

Dépasser les épreuves. Apprendre de son expérience. Transformer ses souffrances. Pour en faire une force, un talent, un remède, un don.

Les forces viennent de nos fragilités. Sans vulnérabilité, il n'y a pas d'humanité. Les témoignages de ces femmes et de ces hommes sont des exemples parmi tant d'autres, qui nous montrent, concrètement, ce que nous avons tous à apprendre de nos blessures pour grandir et transmettre.

Si nous prenons chacun en main nos « guérisons », nous transmettrons les bons ingrédients et les bonnes empreintes dans l'intelligence collective. Alors, elle circule et se transmet d'une génération à l'autre.

Nous avons tous le choix. Le choix d'avancer, le choix de nous interroger, de nous remettre en question. Le choix d'entreprendre.

Ce livre est pour moi la preuve vivante et incarnée de ce que j'aime entreprendre et réaliser : mettre en lien et créer des liens. C'est tout le sens de l'idée de l'artisan de la relation.

À travers les échanges et les émotions qu'il a suscités, ce livre m'a amenée à enrichir l'une ou l'autre de mes postures professionnelles avec les participants, selon les circonstances. Il s'agit d'un ouvrage vivant, comme les liens, toujours en mouvement, avec le vécu de chacun.

Je souhaite que ce livre contribue à donner de l'espoir, qu'il nous donne envie d'entreprendre et d'aller vers notre lumière. C'est le maillage des liens qui apporte de l'énergie, qui permet d'influencer et de faire bouger les choses.

Clémentine Lego

Remerciements

Ce livre témoigne d'une belle aventure humaine. Une histoire de lien dès son point de départ. Quand j'ai démarré ce projet, je cherchais quelqu'un pour m'accompagner. Un vrai défi que celui de trouver la bonne personne pour m'assister, retranscrire les interviews, puis finaliser la rédaction. Difficile de trouver quelqu'un avec qui travailler, partager un projet aussi personnel, en adéquation avec ma pensée, ma sensibilité. Ce n'est pas évident quand on est l'artisan avec sa matière brute, son enthousiasme et qu'il faut restituer avec du sens, de façon structurée, lisible et accessible pour les autres en dévoilant ce qui est précieux à transmettre… Dès notre rencontre, dans l'espace de coworking que nous partagions, Stéphanie Leclabart a commencé à m'accompagner. Nous avons compris elle et moi par la suite que notre rencontre n'était pas due au hasard. Nous avions en fait partagé des expériences similaires.

Parties d'une page blanche avec enthousiasme, portées par un rêve, nous sommes devenues amies. À la fin de l'été 2016, Stéphanie a appris qu'elle souffrait d'un cancer du sein à un stade avancé, nécessitant un traitement d'urgence. Elle a désiré continuer de s'investir dans ce livre, qui devenait son unique projet. Nous nous sommes donc donné un cadre de travail avec une grande liberté pour pouvoir nous sentir à la fois libres et bien ensemble. En fonction de l'évolution de la maladie, nous avons été amenées à adapter l'organisation de notre travail, avec plus de souplesse et de liberté. Inutile de dire à quel point ce fut une expérience humaine, riche et unique.

C'est avec une autre amie, Mathilde Brasilier, que l'aventure humaine a continué. Mathilde a proposé son aide d'auteure et journaliste pour poursuivre et finaliser le livre. Des liens se sont tissés dans la construction même de ce livre. J'ai été extrêmement touchée par toute cette mobilisation collective autour de ce projet.

Le lien à l'autre, le lien aux autres, le lien à la nature, le lien à soi-même, le lien au corps… Ces entretiens, chacun à leur manière, montrent que le LIEN, sous toutes ses formes, les a rendus plus libres.

En tout premier lieu, je remercie les quinze participants qui témoignent ici, et sans qui ce livre n'aurait pas pu se faire. Ils se sont tous exprimés sans retenue, avec beaucoup de sensibilité et de confiance. Je suis très touchée du « don » qu'ils font, en témoignant, comme ils le font, de leur histoire. Ils m'ont transmis beaucoup et soutenue tout au long de cette aventure. Je me suis enrichie grâce à eux. De tout mon cœur, MERCI.

Je remercie Stéphanie, qui a été à mes côtés dès le début de cette aventure. Travailler ensemble, avec la maladie, n'a pas été toujours facile, mais une riche source d'enseignements pour nous deux.

Je remercie également Mathilde, pour son soutien et son relais précieux. Mathilde s'est mobilisée avec passion et talent, sans relâche, pour la rédaction des quinze interviews.

Je remercie David d'avoir accepté d'écrire l'avant-propos de mon livre. J'éprouve de la gratitude pour la manière dont il entretient ses liens. Également son talent de mettre en lien les personnes.

Je pense à Josette Lépine et Wadih Choueiri que je n'aurais pas connus sans lui.

Merci à Gilles Porte de m'avoir généreusement ouvert l'album photos de ses voyages. J'ai pu choisir parmi tous ces enfants du monde entier celle de Jacintha, qui figure dans ce livre.

Je remercie très chaleureusement Fred et Anaïd pour leur contribution au livre en ayant accepté la relecture des interviews avant publication.

Merci à mon amie Chrystel (Chrystel Baylac – TIPS Marketing) pour la finesse de son travail de théâtralisation et d'orchestration de cet ouvrage afin d'en faire un livre numérique.

Merci à Amandine Laville (société Arbracam) pour son accompagnement et son professionnalisme dans la réalisation du storytelling filmé sur les ponts de Paris.

Merci à Isabelle Martin-Bouisset. Une rencontre inattendue. Une femme lumineuse et engagée qui, dès la 1re lecture de mon manuscrit, a cru en ce livre et m'a poussée vers l'édition de son contenu. J'apprécie beaucoup nos échanges et notre collaboration. C'est une femme que je recommande à tous ceux qui souhaitent partager et transmettre une expérience singulière…

Je remercie Serge, mon conjoint, qui m'a aidée et encouragée dans les étapes du projet. Notre histoire m'a beaucoup enrichie et inspirée pour témoigner de la force des liens et des « créations » qu'ils font naître.

Merci à mes parents, qui m'ont toujours fait confiance. Le prénom « Clémentine » est un très joli cadeau, porteur d'énergie dans mes projets !

Une tendre pensée pour mon frère Stanislas, qui m'a mise sur les rails du running quand je traversais un moment difficile de ma vie ; activité que j'ai intégrée dans mon équilibre de vie grâce à lui. Un petit clin d'œil à Toinon, pour sa sensibilité, sa curiosité, son soutien et son talent d'expression dans ses créations artistiques (dessin et sculpture).

Un lien particulier avec ma grand-mère maternelle Josette. Des voyages et des rencontres. Une complicité. Sa créativité et son indépendance ont toujours été riches d'enseignement pour moi. Sauvage et douce à la fois. Elle m'a inspirée.

De manière générale, j'ai été très touchée par l'accueil fait au projet, les réactions, les retours.

Merci à vous tous, les artisans du lien…

Achevé d'imprimer en septembre 2018
sur les presses de la Nouvelle Imprimerie Laballery
58500 Clamecy
Dépôt légal : octobre 2018
N° d'impression : 808165

Imprimé en France

La **N**ouvelle **I**mprimerie **L**aballery est titulaire de la marque Imprim'Vert®